JODY DUNCAN

LE LIVRE DU FILM

THE X FILES ™

COMBATTRE LE FUTUR

D'APRÈS LA SÉRIE CRÉÉE PAR
CHRIS CARTER

éditions
BA

Titre original :
The making of **THE X-FILES**™
Fight the Future

Nous souhaitons signaler la contribution à ce livre des photographes suivants : Merrick Morton, Michael Britt, Paul McCallum et Angelo Vacco. Remerciements tout particuliers de Merrick Morton à Bob Wilde, de Yashica/Contax, et de Teri Campbell à Meta Creations, pour leur soutien et leur aide au cours du tournage.

Maquette intérieure : Tanya Ross-Hughes, David Hughes/HOTFOOT Studio

Imprimé en Europe (Italie) par Rotolito à Milan.

Pour la version française :
Copyright © Éditions 84 – Éditions J'ai lu, 1998
84, rue de Grenelle, 75007 Paris
Diffusion France et étranger : Flammarion

ISBN 2-277-25039-2

Achevé d'imprimer en septembre 1998
Dépôt légal : septembre 1998
Numéro d'édition : 5039

INTRODUCTION

Quand Caitlin Blasdell, directrice de collection chez l'éditeur américain HarperPrism, m'a contactée pour me demander si je voulais écrire un livre sur le tournage du film *X-Files*, je n'avais vu qu'un seul épisode de la célèbre série télévisée – ou, plus exactement, les vingt dernières minutes d'un épisode.

Un dimanche soir, quelques mois plus tôt, alors que je surfais sur les soixante-douze chaînes que me fournit ma compagnie de câble, mon attention avait été attirée par ce que j'avais pris pour un film de science-fiction. Sur l'écran, un individu qui changeait d'apparence était poursuivi par une femme rousse en trench-coat. Intriguée, j'avais immédiatement interrompu mon zapping ; mais ce ne fut qu'à la fin du « film », quand le générique défila, que je compris que j'étais tombée sur un épisode des *X-Files*.

J'avais entendu parler de la série, bien entendu, et les articles sur le sujet avaient piqué ma curiosité. Lectrice assidue de romans policiers et de thrillers, ainsi que de livres traitant de psychologie criminelle, l'aspect suspense et FBI de la série m'avait intéressée. J'étais également friande d'intrigues politiques, et des films au parfum de complot, *Les trois jours du condor* ou *À cause d'un assassinat*, par exemple, figuraient parmi mes préférés. Les échappées science-fictionnelles des *X-Files* m'avaient également intriguée, d'un point de vue professionnel. Rédactrice en chef de la revue *Cinefex* — un magazine qui traite des effets spéciaux et visuels au cinéma –, j'avais vu et couvert à peu près toutes les séries et tous les films de science-fiction tournés au cours des dix dernières années. Sans l'ombre d'un doute, *Aux frontières du réel* correspondait tout à fait à mes goûts en matière de distractions.

Mais, hormis cet aperçu fortuit et fragmentaire, je n'avais jamais vu la série. La raison en était simple. Mère d'une fille de dix ans qui, depuis sa naissance, montrait une inquiétante fascination pour la télévision, j'avais depuis longtemps édicté une règle pour nous deux : « La télé, deux soirs par semaine uniquement. » Ma grosse erreur avait été de lui laisser choisir ces deux soirs : le mardi et le jeudi. Ainsi, depuis des années, je n'avais pas regardé de série régulière le vendredi, créneau d'origine des *X-Files*, ou le dimanche, où la série fut ensuite déplacée.

Étant donné mon ignorance de la série, je fus soulagée que Ms Blasdell, au cours de ce premier appel, ne m'ait pas demandé si j'étais une fan. Et je le fus encore plus quand la Twentieth Century Fox commença à m'envoyer les cassettes des épisodes, accompagnées des guides officiels de la série, fournis par HarperPrism. Je ne disposais que d'une semaine avant ma première rencontre avec Mary Astadourian – assistante exécutive du créateur de la série, Chris Carter, et la personne qui allait superviser ce projet de « making of ». Armée des cassettes, des guides et des articles de magazines que j'avais réunis de mon côté, je plongeai dans le monde des *X-Files*, convaincue de devenir, sinon une experte, du moins une spectatrice éclairée et familiarisée avec le sujet, à temps pour la réunion. Cinq jours d'immersion dans les *X-Files* et j'aurais l'affaire en main. Pas de problème.

Il fallait ne rien connaître de la série pour avoir une idée aussi arrogante et ridicule. (J'entends le ricanement condescendant et justifié de milliers de X-Philes, tandis que j'écris ces lignes.) La série ressemblait à des sables mouvants narratifs : plus je m'y attaquais avec détermination, plus vite et plus profond je m'enlisais dans l'incompréhension.

Pour commencer, la série défiait tout étiquetage précis. Les *X-Files* étaient souvent de l'horreur, mais ce n'était pas une simple série d'horreur. Elle parlait d'extraterrestres et de phénomènes paranormaux, mais il ne s'agissait pas de science-fiction au sens strict. Elle présentait des histoires de complots gouvernementaux, mais ce n'était pas du thriller politique. Elle mettait en scène deux héros agents du FBI, mais ce n'était certainement pas une série policière ordinaire.

J'ai vite compris que les *X-Files* étaient une série dramatique extraordinairement complexe, dense, avec des niveaux multiples. Ce que Chris Carter et son équipe avaient créé depuis quatre ans n'était pas une représentation schématique du monde, peuplée de personnages tout aussi schématiques. Ces gens avaient des histoires, des familles, des peurs, des liaisons passées, des rêves futurs et des motivations complexes. On ne les définissait pas par la simple étiquette de « bons » et de « méchants ». C'étaient en fait de véritables êtres humains, dotés de toutes leurs ambiguïtés.

Les héros des *X-Files* trahissaient parfois de la faiblesse et de la peur, tandis que les méchants pouvaient faire preuve de force et de compassion. Le monde dans lequel évoluaient ces personnages complexes était tout aussi réaliste. À chaque enquête, à chaque réprimande du Bureau, on sentait toute l'infrastructure du FBI à l'œuvre en coulisses. Une véritable conspiration, aussi profondément enracinée que largement déployée, semblait peser sur chaque épisode de la mythologie.

Et me voilà, regardant les épisodes sans ordre précis (puisque, sottement, je n'avais pas déchiffré le code numérique précisant le classement chronologique des cassettes), lisant des centaines de pages de texte, et m'inquiétant de plus en plus au fur et à mesure qu'approchait la date de mon rendez-vous. Je n'avais pas du tout l'affaire en main. Tout ce que j'avais, c'étaient des questions. Qui est l'Homme à la cigarette, et pourquoi porte-t-il un nom si bizarre ? Et c'est quoi, ces affaires non classées, d'abord ? De quel côté se range Skinner ? Est-ce que Mulder est cinglé ? Et, s'il n'est pas cinglé, pourquoi est-il tellement parano ? Est-ce que Scully croit à tout ça ? Jusqu'à quel niveau du gouvernement remonte la conspiration ? Qui sont les conspirateurs ? Et quel rapport y a-t-il entre tout ça et le rapt de Samantha, vingt ans plus tôt ? Quel est le lien avec le père de Mulder ? Comment ces gens-là menaient-ils leurs enquêtes avant l'invention du téléphone portable ?

À l'exception de la dernière, peut-être, j'ai vite appris que, si toutes ces questions restaient sans réponse, ce n'était pas parce que je tentais de me mettre à jour d'une série diffusée depuis quatre ans. Des fans acharnés qui n'avaient pas raté un seul épisode cherchaient encore à les résoudre – et là, je le compris, reposait la popularité énorme des *X-Files*. Plutôt que de tout expliquer au spectateur, de boucler proprement toutes les questions en suspens, de débiter une intrigue simpliste à l'intention des téléspectateurs, les créateurs des *X-Files* avaient osé produire une série qui, semaine après semaine, échappait toujours un peu au spectateur. Les fans des *X-Files* voulaient peut-être croire, mais on leur demandait de réfléchir.

L'esprit grouillant d'images de mutants, de vaisseaux spatiaux, d'extraterrestres et de revenants, j'allai à mon rendez-vous avec Mary, certaine en tout cas de savoir lequel des deux agents était Mulder et lequel Scully – une distinction sur laquelle j'aurais hésité à peine une semaine plus tôt. Et quand elle me demanda si je connaissais la série, je pus répondre sincèrement que oui.

Par chance, elle n'insista pas pour me demander de préciser ma définition du mot « connaître ».

Ma documentation sur la série s'approfondit pendant que je suivais le tournage du film ; et bien que, maintenant encore, je me ferais ridiculiser dans n'importe quel questionnaire face à un véritable fan des *X-Files*, j'en vis, lus et écoutai suffisamment pour être familiarisée avec cette série télévisée unique, intelligente et couverte de récompenses. Rétrospectivement, cette ignorance initiale est devenue un avantage quand il s'est agi de chroniquer la production du film : j'ai abordé cette mission sans idée préconçue, sans connaître les mythes qui entourent la série et ses personnages, sans préjuger si le film serait fidèle ou pas à sa source télévisuelle. J'y suis arrivée dans un état relativement vierge – comme nombre des spectateurs qui découvrent le monde des *X-Files* pour la première fois par le biais du cinéma.

Je suis heureuse qu'on m'ait confié ce projet de livre, pas seulement parce que les *X-Files* s'annoncent comme un film-événement, pas seulement parce que cela m'a donné l'occasion de côtoyer des scénaristes, des metteurs en scène, des producteurs, des techniciens et des artistes talentueux et intègres, mais aussi parce que cela a été le catalyseur de ma découverte d'*Aux frontières du réel*, une des meilleures séries télévisées.

Je n'en rate plus un seul épisode. Et à la maison, les soirées télé sont désormais le jeudi et le dimanche.

I/ LES ORIGINES

Alors que la deuxième saison d'*Aux frontières du réel* arrivait à mi-parcours, le Musée de la Télévision et de la Radio, à Los Angeles, invita l'équipe des producteurs, scénaristes et metteurs en scène de la série à participer à une conférence-débat. La salle était pleine à craquer.

Ça n'avait pas toujours été le cas. Quand la série débuta sur la chaîne Fox, à l'automne 1993, elle ne suscita ni immense engouement, ni important taux d'écoute. Certes, la série rencontra un public restreint et farouchement fidèle, mais ses thèmes paranormaux, son ton paranoïaque et son humour noir décalé n'éveillèrent aucun écho dans le grand public, les premiers temps.

Avec ses racines qui remontaient jusqu'aux années 70 et à la série *Kolchak : Dossiers brûlants*, les *X-Files* apportaient au genre dit « du monstre de la semaine » le réalisme et une attitude branchée, grâce à un argument de base simple, mais éminemment flexible : Fox Mulder et Dana Scully, agents du FBI, enquêtent sur des affaires qui défient les explications rationnelles, les « Dossiers X » en anglais. Mulder est un convaincu, avec des motivations personnelles : il cherche sa sœur enlevée, pense-t-il, par des extraterrestres quand elle était enfant. Scully, docteur en médecine qui place sa confiance en la science, fait équipe avec Mulder pour répondre à ses délires par des faits scientifiques et pour tenir à l'œil cet agent solitaire.

La série avait été créée par Chris Carter, un natif de Californie du Sud qui avait mis à profit son amour du surf et un diplôme de journalisme pour obtenir un poste de rédacteur en chef au magazine *Surfing*. Mais Carter ne se résumait pas à la simple passion du sport, ni à un charme qu'on aurait cru tout droit sorti d'une agence de casting. Il avait l'ambition de devenir scénariste. En 1985, sur les conseils de sa future épouse, la scénariste Dori Pierson, Carter proposa un scénario aux studios Walt Disney, qui déboucha sur un contrat de trois films. Carter passa les années qui suivirent à écrire des téléfilms familiaux. Bien qu'il ait manifesté un don pour ce genre, ses aspirations de scénariste l'entraînaient dans une autre direction : « Quand on arrive à Hollywood, on est un mendiant, et on prend ce qu'on vous propose, a fait remarquer Carter. Pendant les six ou sept premières années, je ne crois pas avoir écrit quoi que ce soit sur une idée qui serait venue de moi. Je développais les idées des autres. Mais c'était une bonne école, et ainsi,

j'ai vraiment appris mon métier. » Carter écrivit aussi des pilotes de séries télévisées et se retrouva finalement producteur des séries *Rags to Riches* et *A Brand New Life* – travail qui le conduisit en 1992 à un contrat de développement d'une série télévisée chez la Twentieth Century Fox et, par voie de conséquence, à la création des *X-Files*.

De prime abord, une série qui explore phénomènes paranormaux et complots planétaires semblait bien éloignée des allègres comédies familiales, et plus encore du monde du surf. En fait, les *X-Files* découlaient naturellement des goûts et du tempérament de Carter. « Le fait que j'aie créé les *X-Files* rend perplexes ceux qui ne me connaissent pas, constata Carter. Mais quand on me connaît, c'est parfaitement logique. *Aux frontières du réel* est né de mon amour de films comme *Les hommes du Président*, que j'ai vu et revu. Je me suis dit que le thriller politique était devenu un genre perdu, oublié, impopulaire, et j'ai donc eu envie de le réinventer un peu et de le ramener sur le petit écran. La série est également issue de mes lectures. Je suis quelqu'un d'assez intense, et j'aime les histoires intenses. »

En tant que créateur et producteur exécutif, Carter supervisa tous les aspects de la série, maintenant un niveau d'écriture, de mise en scène, d'interprétation et de direction photographique inhabituellement élevé pour une production télévisuelle – et cela lui a valu, dans certains milieux, la réputation d'être « difficile ». « On m'a traité de maniaque du pouvoir, admit Carter. En fait, je suis un maniaque de la qualité. Tant que ce n'est pas bon, je ne suis pas satisfait. » Après une première saison qui avait démarré lentement, cette exigence de qualité commença à payer au cours de la deuxième saison, quand la série se mit à rassembler un public plus large, ainsi qu'à recevoir l'hommage de la critique et de l'industrie de la télévision, remportant sept nominations aux Emmy Awards, dont une pour la meilleure série dramatique.

Brusquement, cette série qui avait débuté si discrètement deux ans plus tôt devint la coqueluche de tout le pays, du monde et d'Internet. Ses vedettes, David Duchovny et Gillian Anderson – le premier, surtout connu du public pour son rôle de travesti dans *Twin Peaks*, la deuxième, une quasi-inconnue –, firent la couverture de magazines à gros tirage comme *Entertainment Weekly*, *People* et *Rolling Stone*. On lança des magazines *X-Files*, des *trading cards* et une série de bandes dessinées. Les étagères des librairies se garnirent de romans *X-Files* et de guides des différentes saisons, tant officiels que non autorisés. On pouvait commander par correspondance des T-shirts, tasses, casquettes, posters, calendriers et même des cartes téléphoniques *X-Files*. On organisa des festivals *X-Files*, qui furent très suivis. On mit en place un populaire site *X-Files* sur le Web, où trouver photos publicitaires, discussions en ligne avec Chris Carter, résumés d'épisodes et, de façon plus significative, un forum où des milliers de ces fans qui se baptisaient les X-Philes pouvaient afficher leurs commentaires et se lancer dans des débats animés sur la série.

Quand les scénaristes, metteurs en scène et producteurs de la série apparurent au Musée de la Télévision et de la Radio au début du printemps 1995, en cours de deuxième saison, les *X-Files* bénéficiaient d'un engouement dont n'avait jamais bénéficié aucune série de genre, à l'exception de *Star Trek*. Pour les créateurs des *X-Files*, l'enthousiasme bienvenu de cette salle pleine à craquer confirmait que leur série originale, qui avait osé être différente, avait réussi le passage d'une relative obscurité aux pleins feux des projecteurs.

Cette soirée compta beaucoup, pour une deuxième raison. En regardant un épisode de la série projeté sur le grand écran du musée, tous les membres de l'équipe présents eurent la même pensée : les *X-Files* passaient la rampe. « Nous voyions tous que ça supportait très bien la projection, et que l'histoire fonctionnait au cinéma, se souvint Chris Carter. C'est là que nous avons commencé à envisager la possibilité d'un film. En fait, c'est ce soir-là que nous en avons parlé à voix haute la première fois, je pense. »

L'idée prit du poids quand la série évolua d'une chronique hebdomadaire d'événements paranormaux disparates vers un style de narration plus feuilletonesque. Les *X-Files* présentaient de plus en plus souvent des histoires reliées les unes aux autres, qui se combinaient pour créer une immense mythologie complexe mettant en jeu une présence extraterrestre sur notre planète et la conspiration d'un Syndicat de l'ombre pour en dissimuler les preuves. À travers des épisodes comme le suspense qui concluait la première saison, « Les Hybrides », les épisodes de deuxième saison, « Les petits hommes verts », « Duane Barry », « Coma », « La Colonie », et l'histoire en trois parties que content en fin de deuxième saison et début de troisième « Anasazi », « Le chemin de la bénédiction » et « Opération Presse-papiers », s'esquissa un panorama plus vaste – un panorama qui défiait les contraintes des séries télévisées et semblait exiger une version sur grand écran. « Ces épisodes en deux et trois parties ont été de vraies réussites, expliqua Carter. D'un seul coup, nous n'avions plus le sentiment de faire des épisodes hebdomadaires de quarante-trois minutes. Nous réalisions des épisodes qui approchaient de la taille des longs métrages, des histoires dignes d'un traitement plus vaste. Et nous entendions sans cesse les gens dire : "C'est mieux que la plupart des films qu'on voit au cinéma." »

La mythologie interne de la série continua à se développer pendant la troisième, puis la quatrième saison des *X-Files*. Au cours de cette période, le film *X-Files* cessa d'être une hypothèse intéressante pour se transformer en très réelle possibilité – en partie parce que Carter savait qu'à l'approche du terme de son contrat de cinq ans avec la Fox la cinquième saison des *X-Files* pourrait être, sinon la dernière, du moins la dernière qu'il superviserait. Quelle meilleure façon de mettre un point d'orgue à la série qu'en la faisant passer au grand écran ? « Nous aurions pu nous contenter de conclure la cinquième saison par un épisode en deux parties, admit Carter. Nous l'avions déjà fait par le passé. Mais l'occasion nous était offerte de porter au cinéma une histoire qui avait toujours été faite pour le grand écran – alors pourquoi s'en priver ? Un film serait une chance de faire sauter les limites de la mythologie. Ça semblait une façon originale de répondre à quelques-unes des questions posées par les cinq premières années de la série, tout en la revitalisant pour aborder les années suivantes. »

Même si aucun contrat de film n'était encore signé avec le studio, ni aucun scénario écrit, Carter et son équipe de scénaristes abordèrent la quatrième saison de la série avec l'intention de lancer la production du film en fin de saison. Il fallait donc mettre en place une intrigue à long terme. Les événements de la quatrième saison conduiraient à ceux de la cinquième, qui culmineraient à leur tour par le dénouement du film. Personne n'avait l'intention de transformer les deux saisons à venir en un long préambule au film ; mais il fallait absolument échafauder une intrigue générale qui déboucherait logiquement sur le film.

Dans certaines limites, Carter connaissait le sujet de cette intrigue depuis le début : « J'avais toujours eu des idées sur l'enlèvement de la sœur de Mulder, ainsi que sur la complicité de sa famille dans la conspiration qui la recouvre. Et j'y ai fait allusion au cours de la série. Les bases ont toujours été là ; partant, quels que soient les choix que nous avons faits en cours de route, même si l'histoire semblait prendre un autre chemin, nous n'avons jamais abandonné cette trajectoire. L'intrigue générale a toujours gardé la même orientation. »

Comme Carter et les cadres de la Twentieth Century Fox s'accordaient à penser que l'été suivant la cinquième saison de la série serait le moment idéal pour sortir un film des *X-Files*, on lança les projets de production. Un créneau favorable pour tourner le film apparut, en gros entre le 5 mai 1997 – date à laquelle s'achevait le tournage de la quatrième saison – et le 25 août, quand Duchovny et Anderson devraient rentrer à Vancouver, où se tournait la série, pour entamer le travail sur la cinquième saison. (En principe, la série aurait dû reprendre aux alentours de la mi-juillet. On repoussa la date pour avoir le temps nécessaire au tournage du film.)

Mais, bien avant le démarrage de ce tournage aux sévères contraintes de temps, il fallait bâtir une histoire et écrire un scénario, deux rôles que Carter était décidé à remplir personnellement. Toutefois, supervisant à la fois les productions des *X-Files* et de *Millennium* – une deuxième série créée par Ten Thirteen Productions –, Carter abattait déjà une double charge de travail, et il ne lui restait pratiquement plus de temps pour concevoir une histoire et écrire un scénario de film. « Cette année a été la plus dure pour Chris et pour moi, confia Frank Spotnitz, scénariste et coproducteur exécutif sur les *X-Files*, avec lequel Carter avait prévu de tracer les grandes lignes du film. Entre les *X-Files* et *Millennium*, nous avons produit quarante-sept heures de télévision en une seule année. Nous étions en état de crise permanent, nous avions des emplois du temps impossibles, interminables. Et pourtant, il fallait trouver là-dedans le temps d'écrire un scénario pour le film des *X-Files*. »

Carter et Spotnitz réussirent à voler quelques jours pendant la pause de Noël, consacrant la majeure partie de vacances à Hawaii bien méritées à faire travailler leurs méninges pour mettre en place le scénario du film. « Nous avons beaucoup discuté de ce que le film devait accomplir, se souvint Spotnitz. Nous voulions tout d'abord qu'il reste fidèle à la série. Nous ne voulions pas que les *X-Files* deviennent autre chose au cinéma, simplement parce que nous bénéficiions d'un plus gros budget. Pourtant, nous gardions bien à l'esprit qu'il fallait que ce soit un sommet pour les gens qui regardaient depuis cinq ans, tout en présentant les personnages et l'histoire à ceux qui ne les connaissaient pas. » Employant la méthode qui avait servi pour écrire les scénarios de la série télévisée, Carter et Spotnitz notèrent les scènes sur des bristols de sept centimètres sur douze et, à la fin de la pause de Noël, les grandes lignes du scénario étaient ébauchées.

Au retour d'Hawaii, synopsis en main, Carter chercha un créneau favorable dans son emploi du temps écrasant pour écrire les cent vingt-quatre pages du scénario. Il en trouva un – mais vraiment très étroit. « C'était une période surchargée, le beau milieu de la saison pour les deux séries, expliqua-t-il. Mais j'ai réussi à libérer un week-end de quatre jours en février, ainsi que la semaine et le week-end suivants – ce qui m'offrait dix jours pour écrire le scénario ou, du moins, pour bien l'entamer. Je savais que je devrais écrire dix pages par jour, et j'en avais l'habitude : c'était en gros ma cadence sur la série télévisée. Par chance, j'avais élaboré l'histoire avec Frank à Noël, et je connaissais bien les personnages, que je faisais vivre depuis plus de trois ans. »

Pour éviter les nombreuses distractions de ses deux séries télévisées, Carter repartit pour Hawaii, où il s'enferma et se mit à débiter le quota de dix pages par jour qu'il s'était imposé. Après plusieurs jours de progression satisfaisante à ce rythme, son ordinateur commença à dérailler. « Une simple petite goutte d'eau est entrée dans le clavier, et l'ordinateur est devenu fou, se souvint Carter. Il ne répondait plus aux ordres : il se rebellait, carrément. C'était une catastrophe. Je savais que les soixante pages de manuscrit déjà écrites ne risquaient rien, parce que j'avais fait des sauvegardes chaque jour. Mais j'avais quand même devant moi la perspective d'achever le script à la main, ou sur un ordinateur de location – deux éventualités pénibles, quand on considère le volume de travail que j'essayais de produire. » Par chance, un technicien de l'hôtel qui s'y connaissait en ordinateurs réussit dans la journée à ramener la machine récalcitrante dans le droit chemin. En dépit de cet accroc d'ordinateur, quand Carter regagna son bureau de Los Angeles, il avait fini quatre-vingt-dix pages de scénario, dix de moins que le but qu'il s'était fixé.

Le scénario qu'avait écrit Carter commence par la légende : « Nord du Texas, 35 000 avant J.-C. » Deux hommes primitifs traversent un désert de glace, à la poursuite d'on ne sait quoi. Leur traque les conduit à une caverne de glace, où ils sont attaqués par une grande créature étrange aux yeux noirs en amande. Le combat s'achève par la mort de la créature ; mais son sang versé – noir comme du pétrole – conflue et remonte le long du corps d'un des primitifs, tandis que l'action se déplace de nos jours, dans la même caverne, située sous le panorama désormais aride des environs de Dallas. Un jeune garçon du nom de Stevie tombe dans la caverne depuis longtemps scellée et est contaminé par le même organisme noir et vermiforme. L'arrivée ultérieure, en plus de la brigade locale des pompiers, d'une équipe de décontamination et d'une armada de camions-citernes et de camions sans marques distinctives laisse deviner que nous n'assistons pas à un sauvetage banal. Sous la supervision du Dr Ben Bronschweig – un chercheur qui travaille sur un projet secret du gouvernement –, on met en place un site expérimental clandestin, et la mort de Stevie et de quatre pompiers est attribuée à une fictive épidémie de virus Hanta.

Le projet couvre encore ses traces par l'explosion d'un bâtiment de Dallas, où les dépouilles du jeune garçon et de trois pompiers ont été transportées et dissimulées dans un bureau de l'agence fédérale de supervision des situations de crise. Les agents Mulder et Scully – anciens membres du service des affaires non classées au FBI, désormais fermé – sont dans la région pour une affaire classique : passer au peigne fin un immeuble fédéral, avec une légion d'agents du FBI, suite à une alerte à la bombe. Mulder repère la bombe dans un distributeur automatique du bâtiment. Quand son supérieur hiérarchique – sur des ordres venus d'en haut – ne désamorce pas la bombe, l'explosion a lieu comme prévu et élimine toute trace du virus extraterrestre, en même temps qu'elle détruit les quatre cadavres infectés.

Mais un des pompiers contaminés est toujours vivant ; sur le site de la caverne, l'équipe de Bronschweig étudie l'embryon extraterrestre qui se développe à l'intérieur de son corps décharné et transparent. Dans cet hôte en isolation cryogénique, l'extraterrestre arrive à terme, jaillit du torse du pompier et tue Bronschweig. Le site de l'excavation est rapidement évacué, et les activités qui s'y sont déroulées dissimulées à toute enquête ultérieure par la construction précipitée d'un terrain de jeux. Par le Dr Alvin Kurtzweil – un ancien collègue du père de Mulder au département d'État, qui gagne actuellement sa vie en écrivant des livres traitant de théories sur les conspirations –, Mulder apprend les véritables motifs de la destruction du bâtiment fédéral à Dallas. Remontant la piste de la dépouille d'un pompier contaminé jusqu'à la morgue d'un hôpital, Mulder persuade Scully de pratiquer une autopsie clandestine qui confirme les dires de Kurtzweil sur une imminente épidémie extraterrestre.

La poursuite de l'enquête conduit Scully et Mulder à un champ de maïs ponctué de ruches en dôme, un site où le Syndicat expérimente des techniques de pollinisation, dans le but de propager le virus. Quand Scully est piquée par une abeille, son corps plongé dans le coma est emporté en avion vers l'Antarctique. Armé des coordonnées et d'un vaccin fournis par l'Homme bien manucuré, Mulder cherche Scully aux abords d'une station

polaire, découvrant les entrailles d'un gigantesque vaisseau spatial niché sous la calotte glaciaire. À l'intérieur, Mulder retrouve Scully prisonnière d'une loge cryogénique, parmi des centaines employées pour contrôler la gestation d'embryons extraterrestres. Fracassant la gangue de glace de la loge, Mulder injecte le vaccin à Scully et la transporte en sécurité, tandis que des créatures commencent à éclore dans les loges et que le vaisseau révélé s'arrache à la glace pour s'élever dans le ciel. Avec la disparition du vaisseau extraterrestre et l'incendie de toute trace du projet, la tentative de colonisation par les extraterrestres semble avoir été mise en échec – jusqu'à ce qu'une scène finale révèle la présence de ruches en dôme au cœur d'un champ de maïs, dans un lointain désert de Tunisie.

Carter remit son scénario à peine terminé au département cinéma de la Fox, où on en prit livraison avec enthousiasme. Bien qu'il n'y eût pas encore de feu vert officiel, le studio dégagea un budget de développement pour le film, et les projets de production – prévue pour un début le 9 juin, avec une semaine de prises de vues par la deuxième équipe sur un glacier au nord de Vancouver, suivie par le tournage principal à Los Angeles – se précisèrent.

Pour lancer tout le processus, Carter s'assura aussitôt de la collaboration comme producteur de Dan Sackheim, un vétéran de la télévision qui avait produit ou mis en scène des épisodes d'*Alfred Hitchcock présente*, *La loi de Los Angeles*, *Urgences* et *New York Police Blues*, série pour laquelle il remporta un Emmy. Sackheim avait également produit l'épisode pilote d'*Aux frontières du réel*, et revint diriger plusieurs épisodes au cours des deux premières saisons de la série. Le film des *X-Files* allait être le premier que produisait Sackheim, mais son expérience préalable sur la série lui donnait un solide avantage pour s'attaquer aux charges de la production du film.

« Dan et moi nous sommes toujours bien entendus sur le plan professionnel, expliqua Carter. Ce film devait être pour nous l'occasion de renouer. Je tenais aussi à l'avoir sur le film, parce qu'il connaît bien mieux que moi les aspects pratiques d'une production, et qu'il a un goût excellent, en tant que réalisateur. Mais ce que j'apprécie par-dessus tout chez Dan, c'est qu'il fait passer le travail d'abord. Je voulais des gens pour lesquels le travail primait, et non leur petite personne, les intrigues ou les ambitions. Ce sont les qualités que j'ai cherchées chez tous ceux qui sont venus sur le film. »

Carter savait trouver ces mêmes qualités chez Rob Bowman, réalisateur et producteur à temps complet sur *Aux frontières du réel* depuis la deuxième saison. Bowman, qui avait grandi dans l'industrie du film, s'était embarqué dans une carrière de metteur en scène qui compta des épisodes de *Code Quantum* et de *Star Trek : la nouvelle génération*, avant de décrocher son premier film, *Airborne*, en 1992. Attiré par les scénarios intenses, sombres et bien écrits des *X-Files*, Bowman était revenu à la télévision pour diriger un épisode de première saison, « Masculin féminin », et « Insomnies » en deuxième saison. « À ce moment-là, dit Bowman, Chris m'a demandé de rester à temps complet, et je ne suis plus reparti depuis. »

Au long de leur étroite collaboration sur la série, Carter et Bowman avaient envisagé de porter la série au cinéma – des discussions qui prirent un tour plus sérieux quand les *X-Files* abordèrent leur quatrième saison. Et en février 1997, Carter offrit officiellement le poste de réalisateur du film à Bowman. « Quand Chris m'a demandé de diriger le film, se souvint Bowman, je lui ai dit : "Écoute, tu n'y es pas obligé, j'aime la série. Elle est meilleure que tous les scénarios de film que je lis. Je suis content ici. Donc, ne m'offre pas le film parce que tu as peur que, sinon, je sois malheureux sur la série. Ne m'offre le film que si tu y tiens vraiment." Apparemment, c'était le cas, parce qu'il a maintenu son offre. »

Bien que Carter ait dirigé plusieurs épisodes des *X-Files*, surtout dans les premières saisons, il n'envisagea pas une seconde de mettre lui-même le film en scène. « Non seulement je n'aurais pas pu diriger aussi bien que Rob Bowman, mais je n'avais même pas le temps d'essayer, avoua Carter. Rob est quelqu'un qui travaille très bien en collaboration ; et je me suis dit qu'il serait bien plus sage de travailler en collaboration avec lui que d'essayer de faire ça moi-même. Je n'aurais jamais pu mener de front tout le travail de préparation pour la prochaine saison de la série et les exigences d'une mise en scène de film, qui sont invraisemblables, c'est inimaginable. Avec Rob et Dan, Frank et moi-même, nous avions quatre têtes qui travaillaient pour le film. C'était une excellente unité, très complémentaire. »

L'idée que le quatuor gardait en tête était de faire un film plus grand, meilleur, plus satisfaisant que ce que le public appréciait déjà à la télévision chaque dimanche soir à neuf heures. « Si les gens doivent quitter leur maison et payer de leur poche pour voir un film au cinéma, il fallait leur en donner plus qu'ils n'auraient vu en restant chez eux sur leur canapé, en regardant la série télé, remarqua Bowman. Et le gros handicap que nous avons dû affronter, c'est que la série s'était tellement développée que nous accomplissions déjà chaque semaine des choses assez impressionnantes – de véritables petits films, avec des scénarios excellents et de solides interprétations. Alors, bon Dieu, comment se surpasser ? Nous savions que le film allait susciter d'énormes espoirs, et nous voulions être à la hauteur. »

Simplement armés de cette volonté de relever le gant, du feu vert conditionnel du studio et d'un scénario encore inachevé, Carter, Sackheim, Bowman et Spotnitz se lancèrent dans la préproduction du film *X-Files*.

Ci-dessous : Au final du film, le vaisseau spatial émerge de la glace et file vers le ciel, en partie occulté par une vaste turbulence. La création du vaisseau débuta par les illustrations de concept de Tim Flattery, mais évolua considérablement au long des mois suivants, suivant les suggestions de Chris Carter, de Rob Bowman et de Mat Beck, superviseur des effets visuels.

vraiment abordé la conception artistique à partir de l'intrigue, expliqua Nowak. Nous avons essayé de doter les lieux d'une profondeur émotionnelle, en nous demandant : "Que voulons-nous faire ressentir aux personnages à cet endroit ? Que voulons-nous faire ressentir au public ?" En travaillant en ces termes, nous décidions par exemple que tel environnement serait sombre, angoissant, oppressant pour Mulder. Nous avons ainsi discuté de tout le film, et j'ai tiré de ces discussions l'idée de ce qu'ils voulaient. » Bien qu'il connaisse le style artistique de la série télévisée, Nowak décida de ne pas revoir des épisodes pour se préparer au film. « Visuellement, je voulais donner au film toute la fraîcheur et la nouveauté possibles. Bien entendu, il a fallu conserver des éléments de la série, ne serait-ce que pour la cohérence. L'aspect des appartements de Mulder et de Scully, par exemple, avait déjà été établi dans la série, et on les a recréés plus ou moins scrupuleusement pour le film. »

Pour Nowak, comme pour tous les chefs d'atelier, le défi majeur viendrait des courts délais entre son engagement et le début de la production. « Nous n'avions que huit semaines pour imaginer les décors – en majorité immenses et compliqués –, en dessiner les plans et commencer à les construire », expliqua Nowak. Guidé par les suggestions des cinéastes et sa connaissance générale de la série, Nowak se mit à concevoir les décors et extérieurs principaux, en collaboration avec Tim Flattery et Jim Martin, dessinateurs de concepts. « J'exécutais d'abord des croquis très schématisés, pour être bien sûr que nous étions sur la même longueur d'onde. Ensuite, je confiais les esquisses à Tim et à Jim, qui les développaient et les mettaient au propre. Tim était particulièrement doué pour les vastes panoramas à la gouache, à l'aquarelle et au fusain. Jim travaillait surtout à la mine de plomb, exécutant des images très minutieuses, très détaillées, jusqu'aux lunettes de soleil posées sur une table. Entre ces deux illustrateurs, nous avons obtenu toutes les illustrations de concept dont nous avions besoin. » Les dessins achevés étaient soumis pour approbation à Carter, Sackheim, Bowman et Ryan. « Par chance, étant donné les délais serrés, ils n'ont jamais demandé beaucoup de modifications. Nos discussions préalables nous avaient orientés dans la bonne direction dès le départ. Il y a eu par la suite développement des idées, mais à partir des fondations déjà mises en place. »

Une fois approuvés, les concepts de décor furent transformés en plans, pour que la construction puisse démarrer, sous la supervision du coordinateur Bill Liams. Plutôt que de bâtir les décors l'un après l'autre, dans un ordre déterminé par le calendrier de tournage – la stratégie habituelle en pareil cas –, l'atelier artistique et les équipes de construction avaient la charge de lancer simultanément la fabrication de tous les décors principaux du film. « On était obligés de tout démarrer en même temps, commenta Nowak, parce que nos délais étaient vraiment limités. Une fois les dessins et les plans établis, nous avons demandé à disposer immédiatement de tous les plateaux sur lesquels nous allions tourner, afin d'entamer la construction. La production ne voulait pas, parce que ça signifiait qu'on devrait payer la location de tous ces plateaux dès le départ. Mais c'était la seule façon de finir le travail dans les temps. Nous n'avions que sept semaines avant de tourner dans certains de ces décors. Et même ceux dans lesquels on ne tournerait que plus tard exigeaient d'énormes préparations. Il fallait se mettre au travail tout de suite et lancer la machine. »

Les décors principaux comprenaient l'intérieur du vaisseau spatial, le champ de glace à l'extérieur du vaisseau et un décor de grotte qui servirait à la fois pour la caverne de glace présentée en ouverture du film et pour la caverne actuelle où tombe Stevie et où le Dr Bronschweig installe son laboratoire de recherche. En plus de ces décors de plateaux, Nowak et son

département artistique devaient préparer de nombreux décors en extérieurs. Marc Fisichella et Greg Bolton, directeurs artistiques, se partagèrent la tâche, le premier se chargeant des extérieurs tandis que l'autre veillait aux décors de plateaux.

Le directeur de la photographie, Ward Russell, qui travaillait également en étroite collaboration avec Nowak et son département artistique, avait été engagé lui aussi dès le début de la préproduction. Il tournait une publicité à Industrial Light & Magic, à San Rafael, quand on lui demanda de se présenter le lendemain à Los Angeles pour un entretien. Afin que Russell prenne connaissance du scénario, Lata Ryan fit s'envoler pour San Francisco un assistant de production muni d'un exemplaire. « Ward lut le scénario dans sa chambre tandis que l'assistant patientait dans le hall de l'hôtel, se souvint Ryan. Ensuite, l'assistant rebroussa chemin et rentra. C'était dingue, mais ça

a au moins permis à Ward de lire le scénario pour en discuter le lendemain avec nous en connaissance de cause. Nous n'étions plus désormais qu'à six semaines du tournage, et nous avions absolument besoin d'un directeur de la photo. Ward apparut comme l'homme de la situation et il décrocha immédiatement le poste. »

Russell comptait à son actif *Jours de tonnerre* et *Le dernier samaritain*, et de multiples spots publicitaires. « Quand les *X-Files* me sont tombés dessus, j'attendais que se présente un projet de film vraiment excellent, déclara Russell. Ça s'est fait en catastrophe. J'ai rencontré les producteurs le vendredi, on m'a engagé l'après-midi même et j'ai commencé à travailler le lundi suivant. » Russell entreprit tout de suite d'étudier des épisodes de la série pour comprendre le style photographique déjà établi des *X-Files*. « Les deux mots que tout le monde employait étaient "ombre" et "fumée", et je m'en suis servi comme base de départ. Mais après de nouvelles discussions avec Rob, j'ai appris qu'on avait beaucoup employé la fumée dans les premières saisons, et bien moins pour les plus récentes, afin d'obtenir une ambiance plus réaliste. Rob a expliqué qu'ils avaient évolué vers un genre de lumière plus sophistiqué, en employant des nuances de gris allant du noir au blanc, au lieu de tout camoufler sous des fumées ou des lumières crues. C'était également l'optique qu'ils souhaitaient adopter dans le film, bien que, dans ce genre de film, on ne puisse jamais totalement échapper aux codes cinématographiques. C'était un film de science-fiction et un *thriller*, et ce type de film se prête bien à la stylisation. » Russell passa également les quelques semaines précédant les prises de vues principales à réunir ses équipes de cameramen, d'éclairagistes et d'électriciens – chacune comprenant environ huit personnes – ainsi que les dix à trente machinistes nécessaires pour mettre en place et manipuler le matériel d'éclairage.

Tandis que les équipes de conception artistique et de photographie se préparaient au tournage, Tom Woodruff et Alec Gillis, d'Amalgamated Dynamics Incorporated, commencèrent leur travail préliminaire sur les effets

spéciaux des créatures du film. ADI était
connue des cadres de la Fox, avant qu'ils ne
signent le contrat pour *X-Files* : la compagnie
avait créé pour le studio les extraterrestres des
deux derniers volets de la saga d'*Alien*. En fait,
l'équipe d'ADI terminait son travail sur *Alien, la
résurrection* dans les studios de la Fox, alors
que le film des *X-Files* se préparait à entrer en
production. « La Fox avait aimé notre travail sur
Alien, la résurrection, se rappela Woodruff. Ils
nous ont dit que le film des *X-Files* allait se faire
très rapidement, et ils nous ont demandé si ça
nous intéressait de le faire. Nous pensions que
ce serait un projet formidable, ne serait-ce qu'à
cause de la réputation de la série télévisée.
Alors nous avons répondu : "Bien sûr, que ça
nous intéresse." »

Quand les producteurs virent les travaux passés de la compagnie
– qui, en plus des films *Alien*, comprenait également *Jumanji* et divers autres
projets de forte réputation et à grande échelle –, ils furent aussi enclins
que le studio à confier les effets des créatures à ADI. « Nous adorions leur
travail, déclara Lata Ryan, alors nous avons tout de suite été partants pour
eux, sans même comparer avec d'autres compagnies. Avec le peu de temps
dont nous disposions avant le tournage, nous ne pouvions nous offrir le luxe
d'un long processus de mise en concurrence, de toute façon. Nous avons
immédiatement conclu un accord de principe avec ADI, ce qui leur a permis
de démarrer et de commencer à concevoir la créature. »

Malgré le fait que les producteurs avaient prévu le plus gros des
scènes avec la créature en fin de tournage, ce fut la plus courte préparation
qu'ait connue ADI. « La majorité des effets avec la créature ne requérait ni
David, ni Gillian, expliqua Dan Sackheim. Nous avons donc pu les caser en
fin de production, c'est-à-dire après leur départ. C'était le maximum que nous
pouvions offrir à ADI pour concevoir et fabriquer la créature, mais ça restait
quand même beaucoup trop court. »

Arrivé sur le projet en avril, Gillis finit d'honorer ses engagements
vis-à-vis d'*Alien, la résurrection*, tandis que Woodruff partait lancer le
processus de création avec Carter, Sackheim et Bowman. « Le concept
initial était une créature qui rappelait l'extraterrestre gris classique – un
petit bonhomme chauve, avec de grands yeux en amande et de petites
fentes pour le nez et la bouche – mais nous pouvions pousser l'idée dans
une nouvelle direction. Nous voulions trouver un aspect qui puisse aboutir
chez un témoin à la description classique. Donc, même si nous avions toute
latitude dans la façon dont nous allions réaliser la chose, nous devions
garder en tête les traits de base du Petit Gris. »

Il fallait concevoir deux versions de la créature : un extraterrestre
primitif qui apparaîtrait dans la séquence d'ouverture, et une version plus
évoluée, contemporaine, pour la séquence de l'attaque contre Bronschweig,
et les scènes à l'intérieur du vaisseau spatial. Toutefois, étant donné les
délais de fabrication impartis, Woodruff et Gillis les conçurent toutes deux
de façon que leurs différences soient plus d'ordre cosmétique que structurel.
« On avait si peu de temps pour fabriquer ces créatures qu'on a décidé de
ne construire qu'une version à partir de zéro, et de la faire passer pour deux
créatures différentes par un jeu de peinture et d'autres détails de finition,
expliqua Woodruff. Nous avons bien pris le temps de sculpter deux têtes
différentes – une version primitive et une moderne – mais les corps
proviennent d'une sculpture unique. »

Ci-contre, en haut : Alec Gillis et Tom Woodruff, fondateurs de la compagnie d'effets de
maquillage ADI, présentent une maquette de la créature pour approbation. **Ci-contre,
en bas :** Gabriel Hardman, dessinateur de story-board, œuvre sous l'œil des mannequins
du vaisseau spatial. **Ci-dessus, en haut :** Les artistes d'ADI travaillent sur l'embryon
extraterrestre qu'on apercevra dans des corps décharnés et transparents. **En bas :**
Frank Spotnitz, Rob Bowman, Dan Sackheim et Chris Carter, sur un plateau de la Fox.

Finalement, l'extraterrestre moderne fut conçu comme une créature à
la peau claire, lisse, tandis que l'extraterrestre primitif était de couleur plus
sombre, avec une peau plus rugueuse, plus texturée, et des creux marqués
aux pommettes et aux tempes. « Notre idée, expliqua Alec Gillis, était que
les extraterrestres contemporains étaient aussi des nouveau-nés, puisqu'on
les voit dans le film peu après qu'ils ont émergé du corps de leurs hôtes.
En tant que nouveau-nés, leur peau devrait naturellement être plus douce,
moins ridée. Mais l'extraterrestre ancien était sans doute là depuis un
moment quand on le voit affronter les primitifs. À vivre, chasser et tuer dans
l'environnement rigoureux des plaines glaciaires, il aurait pris un air plus
buriné, plus usé. »

Le design des deux versions commença par des esquisses des
dessinateurs d'ADI, Jordu Schell, Andy Schoneberg et David Perteet. Une fois
ces ébauches affinées et approuvées, Schell créa une maquette de vingt-cinq

Ci-dessus : L'atelier d'ADI, peuplé de corps d'hôtes. À gauche : un membre de l'équipe d'ADI met la touche finale à une sculpture en silicone transparente, pour suggérer une peau gélatineuse et charnue. Ci-contre, en haut : On moule les corps de silicone dans des formes en fibre de verre. Ci-contre, en bas : Un artiste des effets de maquillage d'ADI pose des implants sur le cuir chevelu d'un des hôtes.

centimètres de haut qui permit aux cinéastes d'examiner le concept en relief.
« À partir de là, nous avons procédé à quelques changements mineurs,
déclara Woodruff, surtout au niveau des yeux. Il a fallu plusieurs essais pour
que les yeux correspondent exactement, parce que tout le monde estimait
que c'était l'élément clé pour exprimer la personnalité de l'extraterrestre.
À certains moments, la créature devait sembler pacifique, paisible, et
effrayante à d'autres, quand elle attaque. Chris Carter a également précisé
qu'il voulait que ses traits suggèrent la sagesse. »

ADI travailla dans la fièvre pour achever les concepts, tandis que
les précieuses semaines de préproduction s'envolaient. Ce ne fut que
dans les dernières semaines de cette phase qu'on engagea un superviseur
des effets visuels. Bien que les producteurs aient laissé entendre qu'ils ne
voulaient pas procéder à un appel d'offres pour l'attribution des effets de la
créature, trois firmes d'effets visuels furent invitées à faire leurs propositions
pour le film – un luxe que permettait le temps, puisqu'on ne demanderait
à l'équipe d'effets visuels que peu de travail de préparation. La nature des
effets visuels était telle que l'équipe travaillerait soit sur le plateau au cours
du tournage, soit en phase de postproduction, après la fin du tournage,
quand on composerait les plans d'effets spéciaux.

Finalement, le rôle de superviseur des effets visuels revint à Mat Beck,
de Light Matters, qui l'avait déjà assumé au cours des trois premières
saisons d'*Aux frontières du réel* avant de partir en 1997 superviser les effets
spéciaux de *Volcano*. « Nous examinions ces devis, déclara Lata Ryan,
quand Chris Carter nous dit : "Vous savez, j'ai toujours été content
de Mat Beck, sur la série. Pourquoi ne pas opter pour lui ?" Il était
clair que Chris voulait Mat Beck, alors, pour moi, c'est Mat Beck
que nous aurions. »

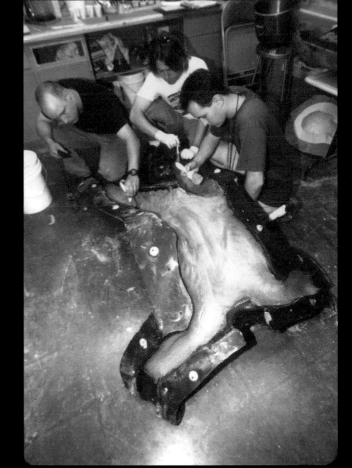

« Nous avons incité Mat Beck à proposer un devis et
nous avons étudié sa proposition, en même temps que celles
de plusieurs grosses compagnies, expliqua Dan Sackheim.
En définitive, nous avons préféré prendre Mat, parce que nous
le connaissions et que nous savions qu'il serait sur la même
longueur d'onde que nous, au plan esthétique. De plus, nous
avons compris que nous allions beaucoup intervenir et fournir
beaucoup de suggestions. Certaines grosses compagnies d'effets
exigent une certaine autonomie dans le concept et l'exécution :
nous n'aurions pas été à l'aise. Mat avait le don de capter ce que
nous avions en tête ; et nos relations passées nous ont permis
de communiquer presque à demi-mot. »

Bien que Beck, en phase de préparation, ne soit pas aussi
pressé par le temps que les autres chefs d'atelier, il devait quand
même réunir une équipe et envisager les scènes d'effets spéciaux
pour le tournage principal. « Mat a immédiatement commencé à
suivre toutes les réunions, en apportant son point de vue sous
l'angle des effets spéciaux », dit Ryan.

Tandis que la préparation se poursuivait dans les ateliers artistiques,
de la direction de la photo et des effets spéciaux des créatures, les
producteurs passèrent du recrutement des chefs d'atelier à d'autres tâches
de préproduction : la distribution, par exemple – une phase qui continuerait
pendant toute la production. Les engagements contractuels de David
Duchovny et de Gillian Anderson – essentiels pour le film – avaient été
assurés bien avant la mise en route du projet, mais les négociations avec les
vedettes se poursuivirent jusqu'au tout début du tournage. Les deux acteurs
envisageaient initialement avec réserve ce tournage qui les conduirait,
pendant leurs congés, à jouer des personnages qu'ils interprétaient depuis
quatre ans. « Aucun acteur ne tient à jouer toujours le même rôle, fit

remarquer David Duchovny. Donc, je ne faisais pas des bonds de joie, quand
j'ai signé. Mais j'avais le sentiment que c'était le moment idéal pour tourner
ce film. J'aimais l'idée de faire ça pendant que la série passait encore, plutôt
que d'attendre qu'elle soit terminée. J'ai compris la logique de la décision. »

« Au début, j'ai cru que j'avais envie de me plonger dans un autre
univers que celui des *X-Files*, renchérit Gillian Anderson. Mais quand les
choses se sont accélérées, et qu'il est apparu qu'on allait vraiment tourner le
film, j'ai commencé à m'enthousiasmer. Je savais que c'était un bon projet
auquel participer. »

Si la distribution comprenait des rôles réguliers de la série, tels que
Mitch Pileggi dans le rôle du directeur adjoint du FBI Walter Skinner, William
B. Davis dans celui de l'Homme à la cigarette, John Neville dans celui de

l'Homme soigneusement manucuré et Bruce Harwood, Dean Haglund et Tom Braidwood dans ceux des Lone Gunmen, le film devait aussi mettre en scène des acteurs prestigieux et respectés : Martin Landau (Dr Alvin Kurtzweil), Armin Mueller-Stahl (Conrad Strughold, le patron du Syndicat), Blythe Danner (la directrice adjointe du FBI Jana Cassidy), Jeffrey DeMunn (Dr Bronschweig) et Glenne Headly (une barmaid). L'apparition de ces vedettes connues rompait avec la tradition établie dans la série télévisée, qui employait en règle générale des acteurs solides, quoique virtuellement inconnus. « Sur la série, je n'ai jamais joué sur ce que j'appelle l' "attrait de l'affiche", bien que beaucoup de vedettes fans de la série aient manifesté leur intérêt, nota Carter. Je me suis toujours opposé à l'emploi d'acteurs très connus, parce que je pense que l'histoire ne fait peur que tant qu'elle reste crédible ; et elle ne reste crédible que tant qu'elle paraît réelle. Dès que vous glissez un acteur dont le visage est très connu, vous vous retrouvez dans une situation qui travaille contre la crédibilité de la série. Mais le film était l'occasion d'employer ce genre d'acteurs, des gens que nous n'aurions pas pu avoir sur la série télévisée, d'ordinaire, soit parce que nous ne pouvions pas nous les payer, soit parce qu'ils avaient une tête trop connue. Aussi, quand nous avons eu l'occasion d'engager Martin Landau, nous l'avons fait — et c'était l'acteur idéal. Donner un rôle à Blythe Danner a été pour moi un vrai plaisir. Glenne Headly est fan de la série ; alors, je lui ai demandé si elle voulait tenir un rôle de barmaid, même tout petit, et elle m'a répondu qu'elle en serait ravie. »

Au bout de quatre semaines de préparation, le tournage de la série télévisée s'acheva, permettant à Carter et à d'autres personnels importants de consacrer toute leur attention au tournage imminent du film. Bowman s'était déjà libéré de ses responsabilités sur la série, pour s'installer à Los Angeles et établir le story-board des séquences principales, en compagnie des dessinateurs Gabriel Hardman et Rob Bihun — sans avoir vu le moindre extérieur ni le moindre décor. « Rien de tout cela n'était encore établi, expliqua Bowman. Mais je ne pouvais pas attendre que les décors soient conçus et les extérieurs repérés pour commencer le story-board : le temps pressait. Alors, au départ, j'ai sauté à pieds joints, un peu au jugé. » Au cours des semaines qui suivirent, Bowman, Hardman et Bihun établirent plusieurs story-boards successifs pour presque chaque scène du film. « Ce fut un travail épouvantable — très intense — parce que c'était quasiment une création du film. Quand ce fut terminé, je me suis retrouvé à la tête d'un recueil de dessins qui était plus épais qu'un gros dictionnaire. Voilà le genre de prépa que j'ai exigé de moi-même. Comme ça, en arrivant sur le plateau, je savais que je serais totalement préparé et d'attaque. Avant même que nous ayons commencé à tourner, j'avais sur le papier le film que je voulais faire. »

Parfois, la mise en place du story-board s'interrompait pour des excursions d'un jour ou deux : le repérage des extérieurs était un autre gros problème que les producteurs devaient régler durant la brève période de préparation. Au départ, les cinéastes avaient prévu de déplacer la production sur un certain nombre de sites, dont le Texas, Washington DC, l'Alaska et Londres, de façon à étendre la gamme d'extérieurs dont avait disposé la série télévisée basée à Vancouver. « Un paysage impossible à recréer à Vancouver, c'est le désert, expliqua Lata Ryan. Une grande partie du film a donc été située dans les plaines texanes, simplement pour montrer un nouveau type de géographie. Dans l'ensemble, ils souhaitaient doter le film d'une ambiance plus internationale qu'ils ne pouvaient se le permettre sur la série. Employer une palette variée de lieux comme décors du film constituait une grosse part du concept. »

Le repérage des extérieurs envoya les producteurs, Bowman et Chris Nowak, le directeur artistique de production, dans une tournée au Texas qui

comprit Houston, Dallas, Midland et El Paso, ainsi que les zones rurales intermédiaires. Le repérage texan fournit d'excellents extérieurs pour le site de la grotte et d'autres décors ; mais finalement, on annula le tournage au Texas. « À notre retour, quand nous avons commencé à analyser l'emploi du temps et la complexité du film, expliqua Nowak, nous avons compris que nous ne tiendrions jamais les délais si nous commencions à nous balader dans tout le pays pour tourner. » La baisse du budget compromettait également l'envoi de la première équipe de tournage sur des sites lointains : on trouva des décors de remplacement dans la région de Los Angeles. Les extérieurs qu'on ne pouvait pas recréer en Californie — les scènes à Londres, par exemple — furent attribués à la deuxième équipe, moins coûteuse, plutôt qu'à la première.

Tout au long de la préproduction, les producteurs continuèrent à définir à la fois un budget et un calendrier de tournage. Ce dernier n'autorisait que soixante-douze jours de photographie principale — à peu près dix de moins que le temps de tournage idéal. Pour aggraver encore les choses, David Duchovny et Gillian Anderson, par suite de leur implication sur la série télévisée, ne seraient disponibles que cinquante-quatre jours sur ces soixante-douze. Pour tenir compte de cet emploi du temps, toutes les scènes où apparaissaient Mulder et Scully seraient filmées au début du tournage principal, et celles où ils ne figuraient pas, repoussées en fin de production. De plus, les producteurs décidèrent que la seule façon pour Duchovny et Anderson de mener à bien leurs scènes dans le laps de temps imparti serait de travailler des semaines de six jours, du début du tournage jusqu'à leur départ. Les heures supplémentaires qu'entraînerait cet emploi du temps représentaient un surcoût énorme, mais nécessaire. Elles privèrent aussi l'équipe de la présence de certains techniciens qui refusèrent de se plier à cet emploi du temps écrasant.

Et même avec un calendrier réduit et allégé au maximum, le débat avec le studio à propos du budget se poursuivit. Dans un climat de contrôle renforcé sur les budgets, la Fox avait décidé que le film des X-Files serait tourné au moindre coût possible — une position que Carter comprenait et respectait, car l'inflation récente des budgets de films lui déplaisait également. « Au départ, je pense que tout le monde espérait faire le film pour quarante millions de dollars, déclara Carter. Mais ce n'était pas possible, tout bien considéré, vu le genre de film que nous envisagions. Nous voulions voir plus grand que sur la série télévisée, ce qui exigeait de plus grandes capacités techniques, plus de temps et plus d'argent. Il y avait aussi des frais de rapidité. Nous avions commencé tellement tard qu'il a fallu construire les décors en toute hâte. Et chaque fois qu'on construit vite, il y a des frais supplémentaires. »

Le budget finirait par être fixé à un peu moins de soixante millions de dollars, mais le problème demeurait en suspens, et la date de début de production approchait. Alors même que la seconde équipe, sur la calotte glaciaire de Pemberton, à deux heures au nord de Vancouver, se préparait à lancer le tournage le lundi 9 juin, comme prévu, le film X-Files n'avait toujours pas reçu l'aval officiel des studios. « Nous devions commencer à tourner à cette date, sans quoi nous ne pourrions pas tenir nos délais, expliqua Carter. Nous travaillions sur un créneau précis, impératif, pour terminer à temps et reprendre la série télévisée. La date de début était fixée. On ne pouvait pas la repousser. » Alors que l'équipe attendait sur le glacier, que le studio et l'équipe de tournage luttaient pied à pied, le film X-Files reçut enfin le feu vert, la veille de la date de démarrage prévue. « Il est arrivé littéralement dix minutes avant que l'accord ne tombe à l'eau. Jusqu'au bout, des obstacles légaux et contractuels ont subsisté. Ces problèmes n'avaient pas été aplanis ; dix minutes avant la dernière limite, il n'y avait pas d'accord sur le budget. »

III/ LE TOURNAGE : LES EXTÉRIEURS

Ce feu vert de dernière minute laissa la voie libre au réalisateur
de deuxième équipe, E.J. Forester, et à son équipe, pour commencer
à tourner des plans larges et de mise en place des deux primitifs
traversant les plaines de glace dans la séquence d'ouverture du film,
ainsi que des vues de la station polaire qui, dans l'histoire, sert
de couverture au vaisseau extraterrestre souterrain.

Avant l'arrivée de la deuxième équipe, Marc Fisichella, le
directeur artistique, et une équipe locale venue de Vancouver se
rendirent sur le glacier pour installer le décor de la station polaire,
préfabriqué à Los Angeles sous forme de modules. À cause de
l'isolement du site de tournage, on devait héliporter les membres
de l'équipe, l'équipement et les éléments du décor. La manœuvre
fut délicate : de lourds ciels couverts empêchaient fréquemment
les hélicoptères de gagner ou de quitter les lieux.

Un matin où les hélicoptères transportaient les éléments du
décor sur le lieu de tournage, la visibilité tomba brutalement à zéro
et les pilotes n'eurent d'autre solution que de larguer les modules
et de faire demi-tour – abandonnant Fisichella et son équipe sur
le glacier. « Nous avons entendu décroître les turbines des
hélicoptères, et nous avons su que nous étions coincés sur place
jusqu'à ce que le temps se dégage », se souvint Fisichella. Les
hélicoptères avaient battu en retraite à dix heures, ce matin-là, et les
conditions ne s'améliorèrent pas avant six heures, le lendemain soir.
« Nous sommes restés coincés presque deux jours, et nous avons
dû passer la nuit là-bas, sans rien d'autre que nos sacs de couchage.
Comme la station polaire était une structure solide et bien conçue,
nous avons continué à l'installer pendant la tempête, et cette nuit-là,
nous avons utilisé le décor comme abri. Une bonne chose que nous
l'ayons fait, parce que nous nous sommes réveillés dans une
quinzaine de centimètres de neige fraîche, le lendemain matin. Et
comme le décor n'avait pas de plancher, nos sacs de couchage
gisaient dans la neige. Le froid était tolérable pendant la journée,
mais la nuit, la température est descendue vers moins dix. »

Par chance, les gens de la région recrutés pour installer le décor
étaient aussi experts en techniques de survie, et familiers des conditions
sur la calotte glaciaire. « Je n'ai jamais eu l'impression d'être en
danger, parce que j'étais avec des gens qui savaient vraiment ce qu'ils
faisaient, en termes de survie, reconnut Fisichella. Ils ont bien essayé de
me faire peur avec des histoires de grizzlys qui rôdaient la nuit sur le
glacier en quête de nourriture, ce qui était peut-être vrai, ou pas. Mais,
de toute façon, nous n'avions aucune nourriture qu'ils auraient pu
sentir, à part des barres diététiques aux fruits. J'aimerais dire que ce
fut un moment très pénible et très dur – ne serait-ce que pour les

producteurs – mais, pour être franc, j'ai vécu ça comme une grande aventure. Passer la nuit sur un glacier n'est pas donné à tout le monde. » On termina le montage du décor – qui comprenait cinq dômes en fibre de verre, chacun de six mètres de diamètre – dès que la couverture nuageuse se leva et qu'on eut localisé et héliporté les composantes du décor ainsi que d'autres éléments manquants.

Le tournage avec les primitifs commença à l'arrivée de la deuxième équipe de tournage. Pour les faire passer pour des humains primitifs, on dota les acteurs, Craig Davis et Carrick O'Quinn, de prothèses de maquillage conçues et fabriquées par ADI. Les maquillages avaient été faits sur des moulages de la tête des deux acteurs, pris plusieurs semaines auparavant, puisque les personnages des primitifs étaient les premiers à apparaître sur le plan de tournage. « Au départ, se souvint Tom Woodruff, ils cherchaient des acteurs à la mâchoire marquée et aux traits proéminents – pensant qu'ils seraient idéaux pour jouer des rôles de primitifs. Mais nous leur avons dit que ce genre de visage était exactement l'inverse de ce que nous voulions, parce que lorsqu'on place des éléments de maquillage en mousse de styrène sur un visage aux traits particulièrement saillants, le maquillage paraît exagéré. Nous leur avons demandé de nous envoyer des gens avec des têtes bien proportionnées sur des corps massifs. »

Le maquillage final des primitifs comprenait trois parties : une calotte pour le crâne et les oreilles ; une partie pour le visage, regroupant les sourcils, le nez, les pommettes et la lèvre supérieure ; et une dernière couvrant le menton et la lèvre inférieure. Des lentilles de contact, des perruques faites à la main et des vernis qui donnèrent aux dents un aspect jauni et usé complétaient l'ensemble. « Les lentilles ont accru la taille de la cornée et lui ont donné cette teinte marron sombre, bordée de jaune, expliqua Gillis. Nous avons également posé des perruques et des sourcils, ainsi que de fausses pattes pour créer sur le visage des zones de poils clairsemés. » Bien que conçus et fabriqués par ADI, les maquillages furent appliqués sur place par le maquilleur Lance Anderson et son équipe, ce qui permit à Gillis et à Woodruff de poursuivre leur travail sur les créatures et les autres effets dans leur atelier de Los Angeles. Avant d'arriver à Vancouver, Anderson et son équipe testèrent l'application du maquillage, retravaillant chaque partie jusqu'à ce qu'elle se raccorde de façon invisible au visage des acteurs.

En face, de haut en bas : Le tournage commença sur un glacier, à deux heures au nord de Vancouver, en Colombie-Britannique. Les membres de l'atelier artistique arrivèrent avec une semaine d'avance sur la deuxième équipe de tournage, pour installer un décor modulaire de station polaire. Dans l'histoire, on verrait Mulder traverser ce territoire sauvage en snowcat. Concept de la station, par l'illustrateur Jim Martin. David Duchovny, William B. Davis et le coproducteur Frank Spotnitz, sur le site du glacier.

À cause des redoutables conditions régnant sur le glacier, on maquillait les acteurs dans l'hôtel de l'équipe, avant le transport par hélicoptère sur le site de tournage. Plus d'une fois, les conditions climatiques virent les acteurs maquillés rester sur place. « Quatre ou cinq jours de suite, se rappela Anderson, nous avons maquillé les acteurs et nous avons ensuite passé la journée à ne rien faire, en attendant que le temps se dégage pour aller en hélico tourner sur le glacier. Finalement, le dernier jour, le temps s'est levé et ils ont pu tourner pour de bon. » Bien qu'on ne doive tourner que des plans généraux avec les primitifs – les plans plus rapprochés étant laissés à la première équipe, dans le décor de la caverne de glace en studio –, Anderson et son équipe appliquèrent parfaitement les maquillages, au cas où Forester approcherait la caméra plus près que prévu.

Le glacier servit également de décor aux plans extérieurs de Mulder à la recherche de sa collègue disparue, près de la station polaire en Antarctique. Rob Bowman, Frank Spotnitz et David Duchovny se rendirent sur les lieux en hélicoptère le mercredi 11 juin et tournèrent ces plans généraux le jeudi.

« Nous avions établi notre quartier général dans la ville de Whistler, et c'était à vingt minutes en hélico du glacier, environ, se souvint Spotnitz. Une fois sur place, il fallait prendre garde à suivre les sentiers préétablis, parce que la zone était très instable. Et comme on peut facilement attraper un coup de soleil là-bas, on devait porter de l'écran total, des lunettes de soleil et des couches de vêtements, pour se protéger. Je me souviens d'avoir passé un temps fou à chercher l'endroit d'où filmer Mulder avec ses jumelles en train de repérer l'Homme à la cigarette. Nous avons fouillé tout le secteur et on a finalement trouvé un site. Comme c'était un peu en hauteur, le vent soufflait vraiment dur. On avait l'impression qu'il allait nous balayer de là-haut. »

Bien qu'il n'ait passé qu'une journée de tournage sur le glacier, David Duchovny fut impressionné par sa beauté et sa majesté singulière. « Je n'avais jamais visité d'endroit aussi beau, déclara-t-il. C'était étonnant – tellement grand et désolé. Ce site annonçait vraiment qu'on tournait un film. Tout était immense et démesuré. Je me prenais pour Lawrence d'Arabie. » Ce jour-là, on consacra quelques heures de tournage à des plans de Mulder au volant d'un lourd engin à chenilles, proche du tank. « Je n'avais encore jamais fait ça et comme je ne suis pas un fana des voitures, c'est toujours un peu impressionnant pour moi de conduire ce genre de gros engin. Je crânais devant l'équipe, mais j'étais tendu. En fait, c'était un engin facile à conduire, mais j'ai la phobie des engins mécaniques en général. »

Duchovny, Bowman et Spotnitz rentrèrent à Los Angeles le vendredi. Et le lundi suivant, le 16 juin, la production se jeta dans les soixante-douze jours de son calendrier de tournage principal. En dépit des liens étroits, presque familiaux, unissant Chris Carter,

Bowman, Duchovny et Gillian Anderson, qui travaillaient ensemble depuis plusieurs années, ce début du tournage principal représentait, à bien des égards, un territoire inexploré. La grande majorité des quelque trois cents membres de l'équipe ne se connaissaient pas. Et tourner un film de soixante millions de dollars n'était pas la même chose que de produire quarante-trois minutes d'un épisode de série.

Les premiers jours de tournage furent une période pendant laquelle rompre la glace, le temps, en particulier, pour Chris Carter et Rob Bowman, de définir leur collaboration sur le plateau. Bowman avait dirigé vingt-trois épisodes d'*Au-delà du réel* quand le film entra en production, et Carter s'y était étroitement impliqué, comme il le faisait pour chaque épisode de la série. Mais, si importante qu'elle soit, cette interaction se faisait depuis son bureau de Los Angeles. Pendant tout le tournage du film, Carter serait présent en permanence sur le plateau, et il fallait très vite établir une méthodologie par laquelle Bowman et lui pourraient fonctionner de concert dans cette ambiance d'improvisation et de pression.

La première phase de tournage de la première équipe fut aussi celle pendant laquelle les acteurs adaptèrent leur style et leur rythme de jeu au grand écran. « La cadence était très différente, se souvint Duchovny. Sur la série nous avions l'habitude de courir le cent mètres. Mais pour le film, nous sommes passés au quinze cents mètres. Nous devions trouver comment nous réguler pour tenir jusqu'au bout. Le plus dur, c'était de passer des jours entiers à obtenir une ou deux scènes du film. C'est comme ça que ça fonctionne. Et quand il a tant de temps pour obtenir ces moments, l'acteur a tendance à perdre de vue son impulsion première. C'est très difficile de s'accrocher quand on travaille si lentement. » Bowman dut lui aussi trouver ses marques pour le film, après tant d'années passées comme réalisateur de télévision. « Pendant les deux premières semaines de tournage, déclara Gillian Anderson, Rob a travaillé un peu différemment de ce qu'il faisait d'habitude. Il venait me trouver au milieu d'une prise pour en discuter avec moi – chose qu'il n'avait jamais faite sur la série. Mais au bout de quinze jours, il est revenu à une méthode plus habituelle, en utilisant l'espèce de langage implicite que nous avions établi au fil des ans. Il pouvait dire un mot sur trois, et je comblais les vides, en sachant exactement ce qu'il voulait. »

Un des réajustements que devait faire Bowman en passant de la mise en scène de télévision au cinéma fut de se familiariser à nouveau avec le format anamorphique du grand écran. En tournant les épisodes des *X-Files*, Bowman avait pris l'habitude de masquer le haut et le bas de son moniteur vidéo avec du ruban adhésif, pour se forcer à penser en termes d'horizontalité, comme s'il tournait les scènes d'un film. Mais le format anamorphique était encore plus large que la zone délimitée par l'adhésif. « En anamorphique, constata Bowman, si on veut voir quelqu'un en pied, il faut placer la caméra de l'autre côté de la rue. Mais je me suis dit que ce film se prêtait merveilleusement au format anamorphique. Dès lè premier

Ci-dessous : L'agent du FBI Dana Scully répond à une alerte à la bombe dans un bâtiment fédéral de Dallas. **En face, en haut** : L'équipe prépare une prise de vues depuis le toit d'un bâtiment à Los Angeles. **En face, en bas** : Le réalisateur Rob Bowman (au centre) discute d'une prise de vues sur les toits avec la productrice exécutive Lata Ryan, le directeur de la photographie Ward Russell et d'autres membres clés de l'équipe.

jour, je me suis régalé. À chaque plan, par exemple, j'essayais de penser à utiliser toute la surface de l'image. »

« L'éternel problème de la télévision, ajouta le directeur de la photographie, Ward Russell, c'est que l'écran est minuscule, si bien qu'on finit toujours par filmer des gros plans de visages, simplement pour cadrer la tête des acteurs dans l'écran. C'est une tactique qui marche, puisqu'en général on ne dispose pas d'un budget suffisant pour construire de grands décors, de toute façon. Mais quand on arrive sur un film, il faut remplir un écran de vingt mètres sur dix. Ça représente beaucoup plus de décors, de paysages, d'environnement. Nous allions continuer à tourner des gros plans, mais notre format de pellicule nous permettrait d'étendre le champ visuel, si bien qu'on verrait beaucoup plus de décor derrière ces grosses têtes. » Les premières scènes prévues pour le tournage principal étaient celles entre Mulder, Scully et l'agent spécial responsable Darius Michaud (Terry O'Quinn), lorsqu'ils découvrent la bombe dans le distributeur,

Ci-dessus : L'agent spécial responsable Darius Michaud (Terry O'Quinn) mène son équipe du FBI dans une recherche de la bombe. **En face** : Les agents du FBI Fox Mulder (David Duchovny) et Dana Scully (Gillian Anderson) restent en contact, tout en participant à la chasse à la bombe.

à l'intérieur du bâtiment administratif. On devait tourner la scène du distributeur dans un immeuble de la compagnie pétrolière UNOCAL, à Los Angeles, loué par la production pour les deux premières semaines du tournage principal. Mais si l'on utilisa certaines pièces pour d'autres intérieurs, le volume initialement dévolu à la salle du distributeur fut jugé impropre, peu avant le début du tournage. « L'éclairage d'un tel espace était très malaisé, d'autant plus qu'il fallait éclairer ce décor par le haut, par le plafond, comme n'importe quel intérieur muni de néons, expliqua Ward Russell. Nous aurions eu besoin d'un espace de deux mètres au-dessus du décor pour suspendre le genre de projecteurs directionnels que je voulais ; nous n'avions tout simplement pas assez de place. »

Autre problème du site : les bruits de la ville, qui auraient gêné le tournage. On décida donc de tourner les scènes du distributeur sur un plateau de la Twentieth Century Fox. Une fois le changement de planning décrété, la petite pièce du distributeur fut rapidement installée dans un coin de l'immense plateau 15, un des plus grands du studio. « Tourner ces scènes sur un plateau fonctionna beaucoup mieux, finalement, constata Lata Ryan. Cela nous permit de rester en studio pour les premiers jours de tournage. C'était une façon de démarrer en douceur, en sachant qu'on allait dans un studio, plutôt qu'en extérieurs à Los Angeles. Ça nous a laissé le loisir de nous adapter aux exigences du tournage. »

Après deux jours de studio, la compagnie alla s'installer dans le bâtiment de l'UNOCAL pour dix jours de tournage, tant en intérieurs qu'en extérieurs. L'entretien de cet immeuble fermé depuis onze ans coûte un million de dollars par an à l'UNOCAL – ce qui reste encore inférieur au prix d'une démolition – et il sert souvent de lieu de tournage à l'industrie du cinéma.

Les extérieurs jour dans le bâtiment de l'UNOCAL comprenaient la rencontre sur le toit entre Mulder et Scully – la première apparition des personnages dans le film – tandis qu'une équipe du FBI fouille le bâtiment de l'administration fédérale voisin à la recherche d'une bombe. Cette scène d'exposition, chargée en dialogues, était cruciale, non seulement parce qu'elle présentait Mulder et Scully, mais aussi parce qu'elle exposait leurs relations et un peu de l'histoire ancienne des *X-Files* pour les spectateurs qui ne connaîtraient pas encore la série.

Plongée dans cette scène clé si tôt dans la production, et dans les conditions assez peu idéales d'un tournage en extérieurs, Gillian Anderson éprouva des difficultés, au départ, à trouver son rythme pour la scène. « C'était une grosse scène, dans un gros film, et donc je me soumettais à beaucoup de pression pour faire tout en plus grand et en mieux, expliqua Anderson. Je forçais beaucoup, et je crois que j'en ai trop fait pendant la scène du toit. Il y avait beaucoup de dialogues, il fallait compter avec des prises de vues compliquées, nous étions dehors, sur le toit, sous un soleil brûlant. Un jour, nous avons travaillé dix-neuf heures sur cette scène, et je n'ai jamais eu l'impression de trouver mes marques, tant mentalement que physiquement. » Pour Anderson, les conditions sur le toit empirèrent quand l'écran solaire utilisé par l'atelier de maquillage pour simuler la transpiration déclencha sur sa peau pâle une réaction allergique, qui se signala par une centaine de petits boutons rouges. « J'avais commencé à comprendre qu'un film réclamait moins d'ampleur que ce qu'on fait à la télévision, parce que l'écran est tellement grand qu'il capte tout. Quand nous avons repris la scène, nous avons tout mis en boîte en une heure et demie à peu près. Cette fois, le déclic a eu lieu. »

Vers le milieu du tournage à l'UNOCAL devait se produire l'explosion du bâtiment administratif – un événement important qui survient vers le début du film. Le tournage en une seule prise de cette séquence d'effets spéciaux exigea des semaines de préparation et de mise en place pour Chris Nowak, directeur artistique de la production, et le coordinateur des effets spéciaux, Paul Lombardi. Le département artistique construisit une fausse façade contre les deux premiers étages du bâtiment qui en comptait seize. La façade serait détruite par l'explosion, laissant le vrai bâtiment intact. « Le département artistique avait habilement manœuvré, commenta Mat Beck (présent sur place pour tourner des plans réels qu'on combinerait ultérieurement aux effets spéciaux visuels). En substance, ils ont couvert d'une cage de verre un balcon du bâtiment et une zone dégagée sous le balcon, créant de faux bureaux qu'on pourrait faire sauter. » Légèrement inspirés par l'explosion du bâtiment fédéral d'Oklahoma City, les techniciens conçurent les prises pour donner l'impression d'une détonation initiale dans le bas de l'immeuble, suivie par l'effondrement des niveaux supérieurs, comme si tous les soutiens du bâtiment avaient été détruits.

La construction de la façade avait démarré dès réception du feu vert pour le film, trois semaines seulement avant le tournage de l'explosion. « Nous l'avons préfabriquée autant que possible dans notre atelier au studio, expliqua Nowak. Nous avons ensuite transporté les éléments sur place. » Construites principalement en verre et en aluminium, les sections préfabriquées ont été fixées sur le bâtiment de l'UNOCAL dans les jours précédant le tournage. « La façade se fondait avec l'architecture de l'immeuble ; si bien qu'en le regardant de face on n'avait pas l'impression qu'il y ait eu la moindre modification. »

Une fois les deux étages de façade mis en place, l'équipe de Paul Lombardi vint sur les lieux disposer les cordons de détonateur et le propane pour l'explosion. Toutefois, le travail principal de l'équipe pendant la semaine d'ouvrage sur le bâtiment porta davantage sur les mesures de sécurité que sur la mise au point de l'explosion proprement dite. « Ça se passait à Los Angeles, en ville, expliqua Lombardi. Il y avait donc les questions normales d'environnement et de sécurité. Nous avons dû obtenir les permis appropriés. Nous avons également dû réfléchir à la façon dont protéger le reste de l'immeuble, pour qu'il ne brûle pas quand nous ferions sauter la façade. Afin de préserver le vrai bâtiment, nous avons élevé des pare-feu avec des feuilles de pierre. Ils ont aidé à contenir l'explosion et à la réorienter vers une zone neutre. » Une fois mises en place sur les lieux du tournage, les parois ignifugées furent redécorées par les gens de l'atelier artistique à l'image des surfaces de Formica et d'aluminium d'origine. Au total, on dépensa environ cinquante mille dollars pour protéger l'immeuble de l'explosion pendant le tournage.

Les ultimes préparatifs du tournage de l'explosion commencèrent tôt le matin du samedi 21 juin, mais l'explosion proprement dite ne se produisit pas avant dix-huit heures, le même jour. Les vérifications se succédèrent tout au long de la journée : explosifs, caméras et éclairage, nécessaires pour assurer la réussite de l'unique prise. Ces préparatifs furent justifiés par une explosion impeccable. Pour garantir une couverture complète de la déflagration, onze caméras de prises de vues filmèrent à la fois l'explosion et les effets spéciaux annexes : les voitures soulevées dans les airs par l'onde de choc ou les bureaux projetés hors du bâtiment. « Il a fallu quatre ou cinq semaines à une équipe de taille respectable pour mettre en place tous ces éléments et les synchroniser avec l'explosion », fit remarquer Lombardi.

Non seulement l'explosion se déroula exactement comme prévu, mais les murs sous-jacents de la façade du bâtiment de l'UNOCAL

En haut, à gauche : À l'intérieur du bâtiment fédéral, la caméra avance sur David Duchovny, qui joue l'agent Fox Mulder. **En haut, à droite :** Scully, Mulder et l'agent spécial responsable Darius Michaud (Terry O'Quinn) inspectent une bombe découverte dans un distributeur automatique, dans le hall du bâtiment fédéral. **Ci-contre, en haut :** Après avoir renvoyé les agents, Michaud fait face au distributeur de boissons où est cachée la bombe. **Ci-contre, en bas :** Mulder évacue le bâtiment en compagnie de Scully. La scène fut filmée avec une Steadicam, une caméra montée sur harnais qui permet des mouvements fluides.

ne subirent aucun dommage. « Quand nous avons détaché les surfaces de protection, révéla Nowak, il n'y avait pas la moindre marque de roussi sur les vraies surfaces de l'immeuble. Le seul dégât fut un bris de vitre, sous l'effet de l'onde de choc. Nous avions construit un tunnel sur l'arrière du bâtiment pour soulager et réorienter la pression de l'explosion ; mais l'onde de choc est allée plus loin que prévu et a cassé un carreau de l'autre côté du bâtiment, que nous avons remplacé. »

En plus d'être filmée en direct par onze caméras, l'explosion le fut également par trois caméras placées par l'équipe des effets spéciaux. On associerait ensuite les plans tournés sur place avec des prises de vues de maquettes, pour présenter une vision plus large de l'explosion. « On ne pouvait pas faire sauter une portion assez grande du bâtiment pour donner de l'explosion générale l'impression requise, expliqua le producteur des effets visuels

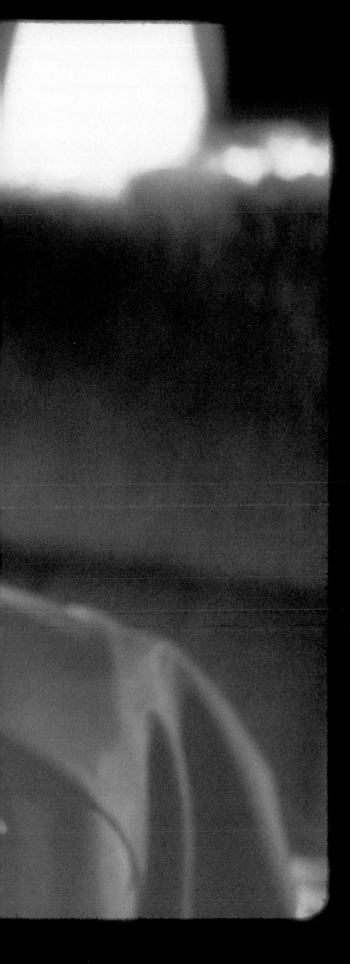

Kurt Williams. Donc, en pratique, on a simplement fait sauter les deux étages du bas, en sachant que le reste de la destruction serait filmé avec des maquettes. »

Au cours des semaines précédant le tournage à l'UNOCAL, pour déterminer l'emplacement des caméras sur les lieux, la compagnie d'effets spéciaux de Mat Beck, Light Matters, avait prévisualisé sur des animations à l'ordinateur les plans de maquettes qu'on devait incorporer aux prises de vues réelles. « Grâce à ces prévisualisations, expliqua Beck, nous avons établi trois plans que nous allions créer par une combinaison de maquettes et de prises de vues directes : une vue éloignée de l'immeuble entier en train de s'effondrer ; une vue en plongée, depuis le toit du bâtiment ; et un panoramique avec Mulder debout devant les décombres. » Si les deux premières scènes seraient essentiellement réalisées avec des maquettes, la dernière incorporerait au modèle réduit des prises de vues réelles de David Duchovny sur les lieux. « La séquence commence avec Mulder et Scully, qui descendent de voiture. La caméra les suit, puis continue son panoramique, alors que Mulder s'arrête devant le bâtiment en ruine. Pour y parvenir sur place, nous avions les acteurs dans l'environnement réel, et une caméra mobile les prenait en panoramique. Nous avons mis un écran vert devant Mulder, pour pouvoir intégrer un insert et remplacer le bâtiment absolument intact par une maquette des ruines. Tout ce dont nous avions besoin, c'est d'une zone verte autour de lui – environ un mètre vingt de large sur deux mètres quarante de haut –, de façon à pouvoir insérer le petit bout de bâtiment détruit. Ce serait une superbe scène d'effets visuels, parce qu'elle contenait tant d'éléments réels : la fumée, les acteurs, et même des sections du bâtiment qui subsisteraient de part et d'autre de la miniature. »

Les deux jours suivants furent consacrés au tournage de plans d'effets spéciaux supplémentaires dans l'immeuble de l'UNOCAL, ainsi qu'à une scène où la voiture transportant Mulder et Scully est soulevée dans les airs par l'explosion, avant de zigzaguer, désemparée, et de percuter. « Paul Lombardi a vraiment réussi son coup, s'enthousiasma Rob Bowman. Nous avons installé une voiture sur le plateau arrière d'un camion muni de systèmes hydrauliques pour la projeter dans les airs. Nous avions aussi synchronisé à l'arrière une explosion de propane. Le champ de vision limité offert par la lunette arrière laissait croire que cette petite explosion faisait partie de l'explosion beaucoup plus grosse du bâtiment. Ensuite, nous avons tiré avec un petit canon un matériau caoutchouteux qui ressemblait à du verre, en visant un morceau de plastique transparent placé devant les acteurs. On aurait dit que ça leur éclatait au visage ; en fait, ça rebondissait sur le plastique. Ils ne risquaient donc absolument rien. Tout s'est passé à la perfection. »

Les intérieurs du bâtiment de l'UNOCAL servirent pour les décors du bureau local du FBI à Dallas (où Mulder et Scully vont chercher des indices parmi les débris de l'immeuble fédéral détruit, conservés dans des cartons), du hall du bâtiment fédéral, de la morgue et du labo de pathologie, et de la commission d'enquête au quartier général du FBI à Washington. « Nous avons réussi à tirer cinq décors différents d'un seul immeuble, ce qui a été vraiment pratique pour travailler », commenta Lata Ryan. Comme pour l'extérieur, les intérieurs du bâtiment ont exigé divers travaux de construction et de décoration pour leurs métamorphoses.

On tourna les 25 et 26 juin les scènes présentant la commission d'enquête du FBI et la directrice adjointe Jana Cassidy – un grand moment du tournage pour les acteurs et l'équipe du film, puisqu'ils passèrent les deux jours avec la célèbre actrice Blythe Danner. Assistait également à ces scènes Charlie Parsons, vétéran de vingt-sept ans de FBI, à la retraite de l'agence quelques mois seulement avant d'être invité à servir de conseiller pour le FBI sur la production. Le film X-Files représentait son premier travail de consultant sur un film, un défi qu'il releva durant la période séparant sa retraite du FBI et sa nouvelle carrière de directeur exécutif du programme de prévention contre la drogue à Los Angeles, le D.A.R.E. « Je ne l'avais encore jamais fait, mais j'ai pensé que ce serait intéressant de vivre ça », déclara Parsons.

Parsons resta sur le plateau une semaine, répondant aux questions posées sur les procédures générales et sur l'authenticité des scènes avec la commission d'enquête. « Ces scènes étaient un élément clé du film, fit observer Parsons. Souvent, on voit des choses dans les films et quand on fait partie des forces de l'ordre, ou, plus spécifiquement, du FBI, on sait que ça ne se passerait jamais ainsi. Alors, j'étais là pour dire : "Non, ça ne se déroulerait pas comme ça." Parfois, il s'agissait de détails vraiment infimes. » Parmi les infimes erreurs relevées par Parsons, figuraient les mallettes placées devant les membres de la commission d'enquête. « Je leur ai dit que ce n'était pas possible. La scène se passe dans le Hoover Building et tous les participants à la réunion viennent de leur bureau. Ils n'apporteraient pas une mallette avec eux. Ça donnait l'impression que les gens venaient de la rue, et non de bureaux voisins. Ils m'ont également demandé si les gens auraient des plaques avec leur nom devant eux, et je leur ai dit que non, probablement pas. De toute façon, il n'existe pas au FBI de conseil exactement semblable à celui-ci. » Parsons rectifia également une ligne du dialogue qui suggérait qu'on pourrait muter Scully au bureau local du FBI à Des Moines, par mesure disciplinaire. « J'ai dû dire à Chris Carter qu'il n'y avait pas de bureau local à Des Moines. »

Avant son stage d'une semaine sur le film, Parsons n'avait vu la série X-Files qu'une seule fois, mais il avait été témoin de la large popularité et de l'influence de la série. « Chaque fois que je faisais une conférence dans un Rotary Club, ou ce genre de choses, on me demandait si le FBI avait vraiment une section consacrée aux "dossiers X". La réponse est non. Ça n'existe pas. Nous n'avons aucun groupe qui se consacre au paranormal, que ce soit dans les sous-sols de Quantico, ou n'importe où ailleurs. »

Dans une scène ultérieure avec la commission d'enquête, un des plans les plus délicats devait montrer une abeille se déplaçant en gros plan sur le col de la veste de Scully – un souvenir ramené par inadvertance, après la découverte des ruches en dôme avec Mulder, un peu plus tôt dans le film. La production fit appel à un entomologiste et dresseur d'abeilles pour le cinéma, le Dr Norman Gary, pour organiser ce plan inhabituel, la plus complexe performance d'abeille qu'on ait jamais demandée à Gary. « Ils voulaient, se souvint Gary, qu'une seule abeille émerge du col de Scully, à droite, qu'elle fasse quelques pas, qu'elle tourne, qu'elle traverse le dos de Scully, qu'elle tourne encore, et puis qu'elle avance pour disparaître à gauche sous son col. La première fois que j'ai abordé la scène, j'ai pensé que c'était impossible. D'abord, c'était une scène d'intérieur, et il est beaucoup plus difficile de contrôler la conduite d'une abeille à l'intérieur que dehors, dans son environnement naturel. Ensuite, sous les puissants projecteurs employés sur le plateau, la plupart des abeilles ont le réflexe de voler, et non de marcher. Honnêtement, je me suis dit qu'en m'engageant là-dedans je me préparais au plus cuisant échec de ma vie, je croyais qu'on ne pouvait absolument pas y arriver. »

Ayant bravement accepté d'essayer malgré tout, Gary passa plusieurs nuits d'insomnie à imaginer comment faire suivre une série précise de directives à une abeille – et ce, à plusieurs reprises. Sur le plateau, Gary employa une phéromone attractive de son invention qu'il utilisait souvent dans son travail, afin de contrôler la conduite d'une seule abeille, soigneusement sélectionnée pour cette tâche. « J'ai choisi des abeilles qui avaient tendance à se déplacer en marchant plutôt qu'en volant, dit Gary. Ensuite, j'en ai amené quelques-unes à l'intérieur, dans des conditions simulées de plateau, et j'ai sélectionné celles qui étaient capables de suivre une piste aérienne de phéromone. Nous avons traité la veste de Scully avec la phéromone en question, et j'ai découvert que je pouvais obtenir de quelques abeilles qu'elles avancent sur le tissu en direction de cette odeur. Quand nous sommes arrivés sur le plateau, j'avais un ventilateur qui poussait l'odeur du col gauche vers le col droit, où l'abeille que j'avais sélectionnée a été libérée d'une cage à un signal donné. L'abeille est sortie de la cage, a capté la piste de phéromone, s'est orientée vers elle et a lentement traversé le dos du col. Et ensuite, au bout du col, l'abeille s'est tournée vers le haut et a progressé sous le col en direction de la source, exactement comme

De haut en bas : Ward Russell, directeur de la photo, prépare des prises en ville, à Los Angeles, devenue pour le film Dallas et plusieurs autres villes. Mulder et Scully contemplent les décombres après l'explosion du bâtiment fédéral. Sur le tournage, Rob Bowman consulte les story-boards pour les prises du jour. L'équipe d'effets spéciaux de Paul Lombardi fut non seulement responsable du dispositif de l'explosion, mais aussi d'effets annexes, comme la projection en l'air de voitures par des canons pneumatiques.

elle était censée le faire. Ce matin-là, ma petite abeille a répété la même manœuvre une bonne douzaine de fois, sans la moindre anicroche. Sur le plateau, tout le monde était stupéfait. Et franchement, j'étais aussi épaté qu'eux, parce que je n'aurais jamais cru qu'une abeille serait capable de faire ça une seule fois, et encore moins plusieurs. Cette abeille était une telle héroïne que je l'ai conservée après sa mort, en souvenir du film. Pour moi, cette abeille a été ce que le cheval Trigger représentait pour Roy Rogers. »

Était prévue pour le dernier jour de tournage à l'UNOCAL, le samedi 28 juin, l'autopsie que fait Scully du corps du pompier dans la morgue de l'hôpital. Dans cette scène, Scully établit que le mort – carbonisé dans l'explosion du bâtiment – a été contaminé par un virus qui a détruit ses organes internes et son sang, le laissant pâle et émacié, presque jusqu'à la transparence. Le pompier de la morgue avait été initialement conçu par l'équipe d'effets de maquillage d'ADI, également chargée de concevoir et de fabriquer d'autres corps transparents d'hôtes : ainsi, le pompier en observation dans le laboratoire de Bronschweig, dans la caverne, et ceux découverts dans les loges de cryogénie, à l'intérieur du vaisseau extraterrestre.

« À part le maquillage des primitifs, le pompier de la morgue était notre premier travail à passer devant la caméra, déclara Tom Woodruff, d'ADI. Nous avons donc commencé par ça, faisant un moulage de l'acteur concerné. Nous avons sculpté la forme, aboutissant à un moule que nous avons rempli de nos textures de peau. Mais quand nous sommes arrivés sur le plateau avec ce cadavre translucide, Chris, Rob et Dan se sont aperçus qu'en fait ils voulaient un cadavre transparent. Chris, en particulier, souhaitait

un effet beaucoup plus poussé, où les symptômes de l'infestation seraient plus évidents, même à ce stade relativement peu avancé – comme si, une fois que vous êtes infecté par ce virus extraterrestre, la première chose qu'il faisait était d'absorber tous vos pigments. »

Le cœur du problème, pour le pompier de la morgue – et pour les corps d'hôtes qu'ADI fabriquerait pour le film –, était une confusion initiale sur la terminologie. « Pour nous, expliqua Alec Gillis, la blague récurrente tout au long du film est devenue : "C'est opaque, c'est translucide ou c'est transparent ?" Chez nous, ce sont des termes très explicites, mais ce n'est pas toujours le cas pour tout le monde. Nous avons simplifié le problème en expliquant que *transparent*, c'est un verre d'eau, *translucide*, un verre de lait écrémé, et *opaque*, un verre d'encre – on ne voit rien à travers. Mais il y a de nombreuses gradations dans chaque catégorie. Un morceau de peau peut être transparent, mais légèrement trouble, ce qui le rend presque translucide. Il était très difficile de définir exactement ce à quoi ils voulaient que ressemblent les corps. Les dessins en deux dimensions ne signifiaient rien, et ce n'est pas une chose que tout le monde peut exprimer par des mots. La seule façon de l'établir consistait à fabriquer effectivement quelque chose et à leur montrer, ce qui était une méthode lente. Même Chris Carter, qui a un don exceptionnel pour exprimer les détails et comprendre les subtilités, a dû voir des exemples pour évaluer ce qu'il voulait réellement.

Ci-dessus, à gauche : Jana Cassidy, directrice adjointe (Blythe Danner), conduit les sessions de la commission d'enquête du FBI sur l'attentat de Dallas. **Ci-dessus, à droite** : L'agent Scully attend d'être interrogée par la commission d'enquête. **En face** : Le directeur adjoint Walter Skinner (Mitch Pileggi), supérieur hiérarchique des agents Mulder et Scully, participe également à la commission d'enquête.

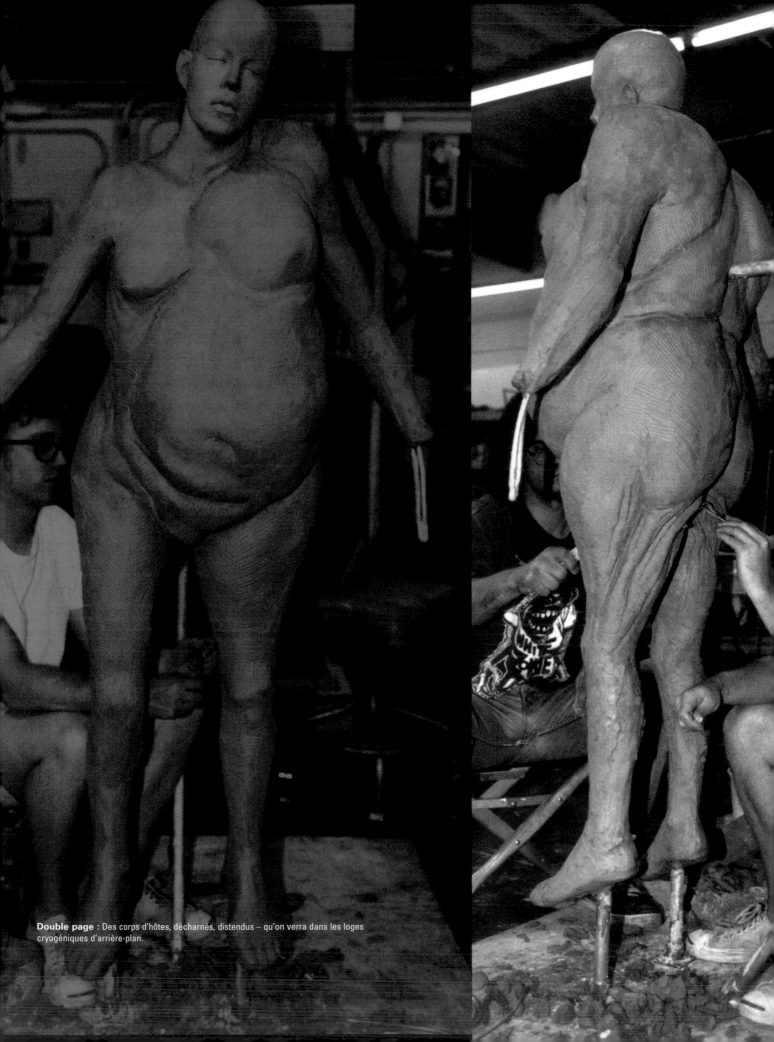

Double page : Des corps d'hôtes, décharnés, distendus – qu'on verra dans les loges cryogéniques d'arrière-plan.

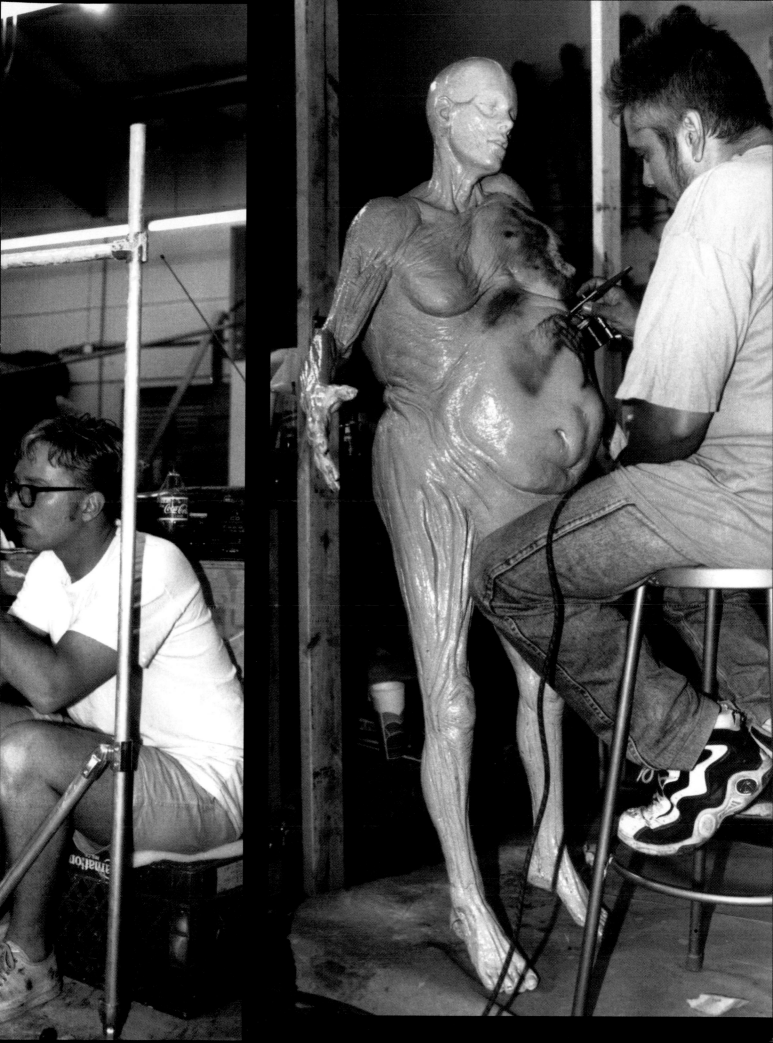

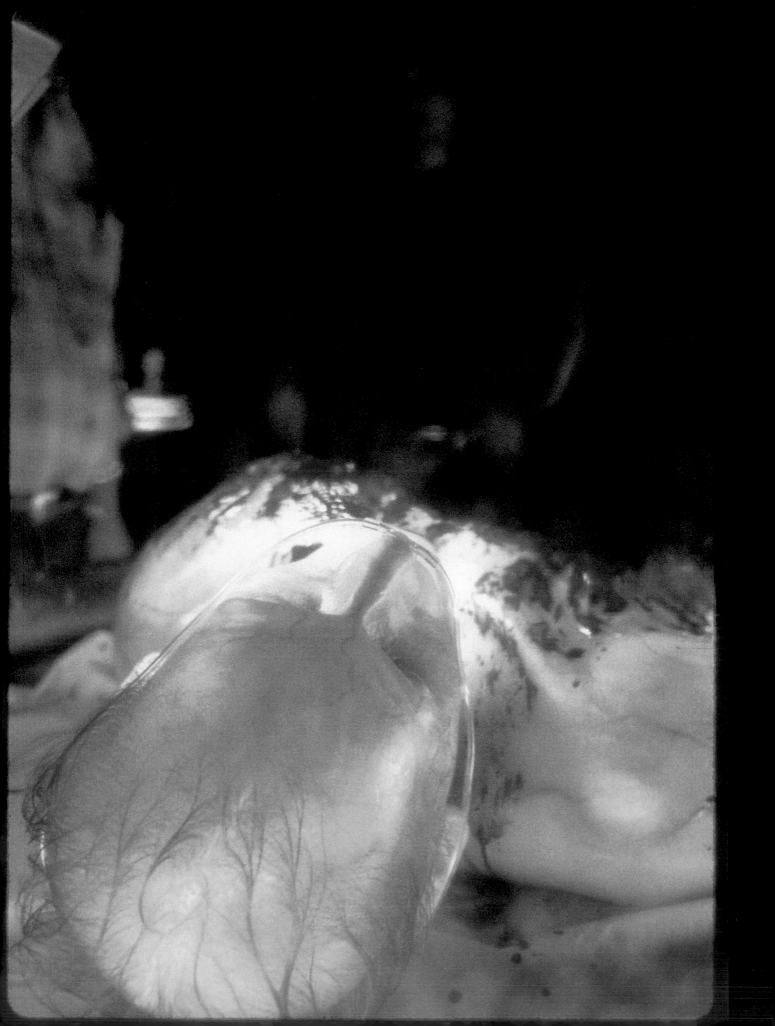

» L'autre problème, c'est que personne en dehors des effets de maquillage ou de créature ne comprend vraiment les textures et les facteurs mis en œuvre pour obtenir quelque chose de transparent. La transparence n'est pas une simple question de matériau particulier ; c'est aussi une affaire de forme, d'épaisseur de peau et de texture de l'épiderme. C'est très délicat. »

Les problèmes de communication quant au degré de transparence du cadavre du pompier aboutirent à un mannequin final qui ne convenait pas pour le tournage ; et Bowman fut obligé de tourner la scène de la morgue dans le bâtiment de l'UNOCAL, sans montrer le cadavre. « L'idée était de reprendre de zéro tout le cadavre du pompier et de tourner plus tard des plans d'insert avec la version améliorée », expliqua Chris Carter. Comme ADI était déjà surchargée de travail par la production des extraterrestres du film, il n'était plus possible, pour une question de temps et de ressources, de recommencer de zéro et de créer un nouveau pompier. D'autant plus que la scène de la morgue devait faire l'objet d'un nouveau tournage dans deux semaines à peine. La première version rejetée avait exigé d'une équipe trop dispersée six semaines complètes de travail. « Nous leur avons suggéré de confier le travail à une compagnie qui pouvait concentrer ses ressources sur l'accomplissement rapide de la tâche », expliqua Woodruff.

Cette compagnie, ce fut KNB Effects, qui avait travaillé sur la série télévisée et était employée sur le film pour des effets secondaires : par exemple, les corps d'hôtes occupant les loges cryogéniques à l'intérieur du vaisseau. ADI transmit immédiatement ses moules du pompier à KNB, dont le cofondateur, Howard Berger, supervisa la sculpture d'un nouveau corps et le coulage d'une peau

Ci-dessous : Une vieille caverne, habitée par un virus extraterrestre en animation suspendue, devient un site d'expérimentation dirigé par le Dr Ben Bronschweig (Jeffrey DeMunn). **Ci-dessous et en face** : Un pompier contaminé est étudié sur place par Bronschweig et son équipe. Le pompier de la caverne était un mannequin articulé construit par ADI et filmé dans un énorme décor de grotte édifié sur un plateau des studios de la Fox.

de silicone pour le mannequin final. On sculpta un noyau moulé sous vide à l'intérieur de la silicone transparente, pour suggérer des fragments de crâne et de tissu musculaire.

KNB et ADI travaillèrent en étroite coopération pendant toute la production, à cause de la nature complémentaire des effets spéciaux qu'on leur avait assignés. ADI, par exemple, construisait des corps d'hôtes « héroïques » – on appelle ainsi les versions qu'on verrait en gros plans –, articulés, tandis que KNB se chargeait des corps d'arrière-plan. Il était capital de garder des contacts explicites et fréquents. Par chance, les deux ateliers étaient situés à peu de distance l'un de l'autre. « Alec, Tom et moi nous connaissons et nous respectons, commenta Howard Berger. Et nous entretenons une concurrence amicale, et saine. »

Tim Flattery – qui travaillait sur le film depuis le début, exécutant les illustrations de concept – fut le moteur de cette symbiose coordonnée entre les deux ateliers d'effets de maquillage et de créature. « Tim a été très important pour tout le processus, nota Carter. Il a un goût excellent et il comprenait ce que nous voulions. Nous étions sur la même longueur d'onde, et c'était donc quelqu'un de capital pour la création de certains éléments. Il a joué le rôle d'éclaireur. » « Tim nous a beaucoup aidés, confirma Alec Gillis. Il y avait énormément de détails qui devaient aboutir en très peu de temps, et Tim a maintenu la communication pour que nous y parvenions. Il montrait à Chris

des vidéos de nos progrès et de ceux de KNB, et il revenait nous voir avec les réactions de Chris. Il a fait un travail super. »

En dépit du problème du pompier de la morgue, les dix jours de tournage dans le bâtiment de l'UNOCAL s'étaient remarquablement bien passés. Pourtant, les tensions inhérentes au tournage de plans en extérieurs et d'une énorme explosion dans un centre-ville peuplé rendirent ces deux semaines pénibles. « Tout le monde était un peu tendu, se souvint Duchovny. Les enjeux étaient élevés, plus élevés que nous n'en avions l'habitude sur la série télé. Par conséquent, les gens doutaient, ce qui peut être épuisant. L'ambiance, c'était "marche ou crève". Il fallait que tout soit parfait. Nous étions tous conscients du fait que le résultat ne serait pas simplement diffusé une semaine avant de disparaître, comme c'était le cas avec la série télé. Le film passerait un moment en salles et sortirait en vidéo. Il allait durer. Ça a suscité chez tout le monde une tendance à trop réfléchir. »

Après un seul jour de week-end, le dimanche, le tournage reprit le lundi 30 juin, au St. Mary's Hospital de Long Beach. Travaillant dans l'ambiance d'un véritable hôpital en activité, l'équipe filma l'évasion de Mulder, avec l'aide des Lone Gunmen, d'un hôpital de Washington DC – où on le soigne pour une blessure par balle qui lui a éraflé le crâne –, ainsi que celle où Mulder et Scully s'introduisent dans la morgue pour examiner la dépouille du pompier.

L'équipe revint dans le centre de Los Angeles le mercredi 2 juillet, pour tourner une scène de nuit entre Mulder et Kurtzweil, au Casey's Bar, un établissement loué par la production pour la nuit. Cette nuit marqua également l'apparition d'un jour de Glenne Headly sur le film, dans le rôle d'une barmaid qui sympathise avec Mulder. Les prises extérieures et intérieures étaient finies au terme de la soirée suivante, et tout le monde se sépara pour un week-end de trois jours, pour la fête nationale du 4 Juillet.

La ruelle derrière le bar où Mulder rencontre Kurtzweil fut filmée à quelques pâtés de maisons de chez Casey, quand la production reprit, le lundi 7 juillet. Des scènes supplémentaires de ruelles – deux entre Mulder et Kurtzweil, et une autre dans laquelle Kurtzweil est rejoint par l'Homme bien manucuré – furent tournées au cours des deux nuits suivantes. À l'origine, certaines de ces scènes étaient écrites pour un tournage de jour, mais on les changea en extérieurs nuit quand le tournage à Washington DC fut annulé. « Los Angeles ne ressemble en rien à Washington DC, expliqua Ward Russell. Plusieurs scènes qui devaient se passer de jour furent donc changées en extérieurs nuit pour mieux camoufler la ville. Le défi était de trouver des rues dont les arbres et les maisons ne ressemblaient pas à un quartier typique de Los Angeles. Et pour moi, le problème était d'éclairer et d'accentuer les détails qui évoquaient Washington DC, et de masquer les autres. »

L'étroitesse des ruelles compliqua à la fois le travail d'éclairage et de prises de vues. La plus longue scène de dialogue entre Mulder et Kurtzweil se passa en fait dans une ruelle qui ne faisait pas plus d'un mètre vingt de large. Pour garder la caméra en mouvement, Bowman choisit d'employer une Steadicam, une caméra montée sur un harnais trapézoïdal, porté par un opérateur. Cette disposition permet des mouvements de caméra d'une fluidité exceptionnelle, tout en conservant la liberté et la souplesse d'une caméra à l'épaule.

La Steadicam serait souvent mise à contribution au long de la production, pour satisfaire le goût de Bowman pour une image en perpétuel déplacement. « Il y a beaucoup de mouvements dans ce film, mais ils sont très subtils, fit observer Ward Russell. Ils se font en douceur, simplement pour maintenir le public légèrement en porte-à-faux. Le style de Rob n'est pas aussi statique que celui d'autres réalisateurs. Il aime faire bouger la caméra, face aux acteurs. Ça m'a parfois posé des problèmes, parce que tous ces mouvements de caméra exigeaient un éclairage adapté : je devais éclairer une zone beaucoup plus étendue. Avec Rob, je ne savais jamais jusqu'où pouvait aller la caméra, dans une scène. Alors, j'éclairais tout, par précaution. »

Ci-dessous : Les équipes règlent un plan avec David Duchovny dans une ruelle de Los Angeles. **Ci-contre, en haut** : Les Lone Gunmen (Dean Haglund, Bruce Harwood et Tom Braidwood) jouent un rôle crucial dans la scène de l'hôpital, visible au-dessous. **Ci-contre, en bas** : Après qu'une balle lui a éraflé le crâne, Mulder se retrouve dans un hôpital local. La scène de l'hôpital – où apparaît également Mitch Pileggi (le directeur adjoint Skinner) – a été tournée au St. Mary's Hospital de Long Beach, pendant la production initiale, puis refaite en studio début mars, pour clarifier des éléments de scénario.

Ci-dessus : Démoralisé d'apprendre que Scully a décidé de démissionner du FBI, Mulder se réfugie dans un bar de Washington DC. Glenne Headly – fan acharnée des *X-Files* – tient dans la scène un rôle de barmaid. **Au-dessous :** La scène permet également la rencontre entre Mulder et le Dr Alvin Kurtzweil, un théoricien des complots qui a d'importantes informations sur le projet secret du gouvernement.

Le jeudi 10 juillet,
l'équipe alla s'installer dans
la résidence Mira Monte, en plein Los Angeles, pour filmer une
rencontre entre Mulder et la police de Washington DC, dans
l'appartement de Kurtzweil. Le calendrier prévoyait que les scènes
intérieures devaient être terminées dans la première moitié de la
nuit, de façon que l'équipe puisse enchaîner sur des extérieurs
à quelques centaines de mètres de là, pour des plans d'ensemble
montrant l'arrivée de Mulder dans l'immeuble résidentiel, et une
scène ultérieure entre l'agent et Kurtzweil, à l'extérieur du bâtiment.
« Le plus gros problème, cette nuit-là, ce fut que nous disposions d'un
certain temps pour tourner la scène, avant d'aller nous installer sur
un site complètement différent pour les extérieurs, se souvint Russell.
Il nous a donc fallu trouver un système d'éclairage qu'on pouvait
installer assez vite, pour partir à temps. Tandis que nous tournions les
intérieurs, une équipe de techniciens préparait le site des extérieurs.
Mais, même en faisant aussi vite que possible, le soleil a commencé à
se lever alors que nous terminions les prises extérieures. »

La nuit du vendredi fut consacrée à une nouvelle longue
scène de ruelle, au cours de laquelle Kurtzweil parle à Mulder du
fléau qui va s'abattre sans prévenir sur le monde. Comme c'était la
dernière nuit de Martin Landau sur le film, on ne pouvait boucler
le tournage tant que la scène n'était pas terminée ; et la longue nuit
ne s'acheva pas avant huit heures du matin, le samedi. « La scène
dans la ruelle était très ambitieuse, nota Josh McLaglen, le premier
assistant réalisateur. Ça représentait quatre pages de dialogue
entre David Duchovny et Martin Landau, et il a fallu du temps
pour l'obtenir. La scène comportait beaucoup de dialogues très
techniques, ce qui la compliquait encore. » Pour une efficacité
maximale, étant donné la structure de la scène, on avait d'abord
filmé Duchovny, et la caméra se braqua enfin sur Landau à
six heures ce matin-là. « Ce n'était pas une situation facile pour
Martin Landau. C'est dur pour n'importe quel acteur de jouer à
cette heure-là, au petit matin, après avoir tourné toute la nuit.
Mais il a été formidable. »

« À ce moment-là, on travaillait des semaines de six jours,
avec de très longues heures de tournage, depuis pratiquement un
mois, rappela Lata Ryan. Je m'inquiétais de voir des coups de pompe
sérieux chez l'équipe. Mais, chose surprenante, le moral est resté
très haut. Tout le monde a fait face à la difficulté. »

Un des plus gros défis du tournage restait encore à venir, toutefois, quand la production quitta Los Angeles pour California City, une ville en plein désert, à cent soixante-dix kilomètres de là. Le dimanche, on transporta les acteurs et les techniciens sur les lieux et on les logea dans les hôtels de la région ; et le tournage sur place commença le lundi 14 juillet. Choisie pour représenter le sud du Texas quand on prit la décision de restreindre le tournage en extérieurs à la région de Los Angeles, California City était le site de la chute de Stevie dans la grotte, de la course de ses compagnons de jeux pour trouver du secours, suivie de l'arrivée des pompiers et de l'équipe de décontamination, puis de la scène où Mulder et Scully découvrent le terrain de jeux. « En fait, le site de California City ne différait guère du celui que nous avions repéré au Texas à l'origine, précisa Chris Nowak. Il était superbe et répondait aux souhaits de tout le monde, comme panorama désertique. Finalement, je crois que personne n'a été déçu que nous allions là-bas plutôt qu'au Texas. »

Toutefois, le site – une étendue de désert en bordure d'un lotissement – avait exigé quelques aménagements par l'atelier artistique pour satisfaire parfaitement aux vœux de la production. Pour simuler l'entrée de la caverne, on creusa dans le sol durci du désert un puits de plus de quatre mètres cinquante, qu'on coiffa d'un bouchon en fibre de verre. Le trou était assez profond pour permettre à l'équipe de filmer l'arrivée des pompiers et des autres sauveteurs dans la caverne. Les entrailles seraient filmées bien plus tard, dans un décor de caverne édifié sur un plateau des studios de la Fox.

Au-delà de cet orifice de quatre mètres cinquante de profondeur, creusé la semaine précédente par une compagnie engagée pour cela, le paysage naturel du désert répondait tel quel aux désirs de la production. Mais quand la compagnie de terrassement, ne sachant que faire de la terre qu'on avait extraite du sol, la répartit en couche uniforme sur le désert, il fallut recourir à des mesures d'urgence pour rétablir l'aspect des lieux. « Le responsable du terrassement avait tout épandu sur un diamètre de trente mètres autour du trou pour recouvrir la zone d'une couche de cinq centimètres de terre, modifiant complètement la couleur du sol, expliqua Nowak. Au lieu d'apparaître cuit par le soleil, désertique, il ressemblait à la terre noire sortie du trou. La couleur et l'apparence de tout le paysage avaient soudain changé. La végétation d'origine avait été ensevelie. Les *tumbleweeds* avaient disparu. C'était une catastrophe. » Dennis Butterworth, jardinier paysagiste, employa avec son équipe le week-end précédant le tournage à restituer au site son aspect naturel, répandant sur toute la zone une poussière plus claire prise sur un terrain voisin, puis disposant avec art de nouveaux *tumbleweeds*, ces herbes roulées par le vent, et des plantes sur le terrain dégagé. « Dennis et son équipe

ont accompli un travail magnifique en remettant le paysage en ordre pendant le week-end. »

On fit venir un nouveau spécialiste, spécialement pour le tournage à California City : un dresseur de serpents. « Avant de nous rendre à California City, nous avions entendu parler du redoutable crotale vert du Mojave, se souvint Chris Carter. On le dit extrêmement venimeux et très répandu dans la région. Pour calmer les appréhensions de l'équipe, nous avons engagé ce jeune type comme dresseur de serpents. Son père et lui sont spécialisés dans la manipulation et la fourniture de reptiles aux compagnies de films. Il est donc resté sur le plateau tout le temps que nous avons passé à California City, il a attrapé quelques serpents et les a enfermés dans des bocaux, pour les montrer à l'équipe. Il y a eu beaucoup de "ooh" et de "aah", mais je ne crois pas que quiconque ait vu des serpents, à part ceux que Chris gardait dans ses bocaux. »

Le tournage de California City débuta par des prises sur les camions de pompiers et de véhicules de secours arrivant sur les lieux, suivies par l'atterrissage des hélicos d'évacuation sanitaire et de décontamination, et l'arrivée de mystérieux camions-citernes et d'une flottille de voitures aux allures officielles, quand le Dr Bronschweig prend possession du site. Également tourné à California City, un très long panoramique arrière sur l'entrée de la caverne. La caméra, montée sur une grue, s'élevait du trou pour filmer en hauteur les amis de Steve courant chercher du secours, puis poursuivait son ascension en reculant pour révéler au loin la silhouette de Dallas – une image qui serait insérée dans le plan par l'équipe des effets visuels.

Des trois jeunes gens interprétant les amis de Stevie, un seul avait déjà une expérience d'acteur. « Les conditions de California City ont rendu assez éprouvante leur initiation au monde du cinéma, commenta Lata Ryan. Mais ils ont tous été excellents, surtout quand on considère qu'ils n'avaient que treize ou quatorze ans. Au retour de California City, la production leur a offert, ainsi qu'à leurs parents, une pizza party, simplement pour les remercier et leur donner l'occasion de se détendre après les rigueurs d'un tournage dans le désert. »

Les trois jours que passa l'équipe à California City culminèrent le mercredi 16 juillet par le tournage de la scène dans laquelle Mulder et Scully arrivent au Texas, sur le site des fouilles, pour découvrir qu'il a été recouvert par un terrain de jeux flambant neuf. La surface de pelouse verte, de quarante-cinq mètres sur trente, les barrières et les équipements de jeux avaient été installés pendant la nuit par l'atelier artistique. Mais quand l'équipe du film arriva le mercredi matin pour travailler, tout le monde comprit que ce modeste parc ne suffirait pas. « Le parc était beaucoup trop petit, confirma Rob Bowman. C'était un petit point vert au milieu de tout ce désert, ces buissons desséchés et ces rochers rouges. Il avait l'air ridicule. Nous avons tout de suite

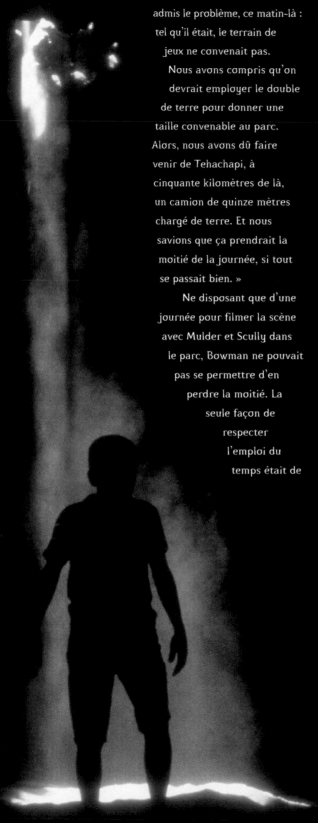

admis le problème, ce matin-là :
tel qu'il était, le terrain de
jeux ne convenait pas.

Nous avons compris qu'on
devrait employer le double
de terre pour donner une
taille convenable au parc.
Alors, nous avons dû faire
venir de Tehachapi, à
cinquante kilomètres de là,
un camion de quinze mètres
chargé de terre. Et nous
savions que ça prendrait la
moitié de la journée, si tout
se passait bien. »

Ne disposant que d'une
journée pour filmer la scène
avec Mulder et Scully dans
le parc, Bowman ne pouvait
pas se permettre d'en
perdre la moitié. La
seule façon de
respecter
l'emploi du
temps était de

continuer à tourner pendant qu'on commandait, transportait et mettait en place la nouvelle terre, adaptant la mise en scène d'une partie du dialogue entre Mulder et Scully de telle façon que la taille réduite du parc n'apparaisse pas. La nécessité de modifier la mise en scène représenta une déception pour Bowman. Le plan large prévu qui montrait Mulder et Scully debout dans le parc, cernés par l'immensité du désert, était un de ses moments préférés sur le story-board. « J'avais cette scène en tête depuis des mois, confia Bowman. Je l'avais méticuleusement planifiée, parce que c'était un moment capital du film. Mais soudain, par une chaleur de quarante-cinq degrés, mon cerveau travaillait à plein régime pour tenter de réviser instantanément une scène que j'avais réglée en détail des mois plus tôt. J'ai dû faire ça tout de suite, parce que la chaleur me cuisait la cervelle. Et je ne voulais pas non plus que le résultat final donne l'impression d'être improvisé. Alors, j'ai essayé de penser en termes cinématographiques, et d'imaginer comment raconter la scène de façon visuelle. J'ai passé toute la journée à me verser de l'eau fraîche sur le crâne, simplement pour pouvoir réfléchir et planifier. Jusqu'à ce que le soleil se couche, j'ai examiné tous ces plans tournés à la volée, en essayant de m'assurer que la scène fonctionnait et tenait debout. »

La chaleur, le vent brûlant, la rectification précipitée du terrain de jeux et la mise en scène des plans improvisés sur place firent du dernier jour de tournage à California City un des plus éprouvants de la production. « Pour tout arranger, je portais un costume en laine, se souvint Gillian Anderson. Et un vent chaud nous soufflait dans la figure pendant les prises, jusqu'à ce que nous finissions par avoir du mal à respirer. J'ai dû me faire appliquer de la glace sur la nuque et sur les mains simplement pour rester assez fraîche et opérationnelle durant l'après-midi. »

Les conditions météo venteuses, torrides, posèrent aussi des problèmes à l'équipe des cameramen. « Le vent se levait et balayait tout, si bien que nous avions de la poussière dans des plans où nous n'en voulions pas, expliqua Ward Russell. Et ensuite, quand on en avait besoin, on ne pouvait pas en disposer, parce que le vent soufflait dans une autre direction. » Le vent sema aussi le trouble pour la grue qui soutenait la caméra, la faisant tressauter et tanguer de façon importune.

Le mercredi soir, après la fin du tournage dans le désert, l'équipe épuisée partit pour Soledad Canyon, un autre extérieur isolé, situé à une heure de trajet au nord de Los Angeles. On tournait sur place différentes scènes de nuit : Mulder et Scully prenant en chasse

En face : Des enfants creusant dans le désert d'une banlieue de Dallas provoquent la découverte de la caverne. **À gauche :** Quand un des enfants, Stevie (Lucas Black), tombe dans la grotte, un fluide noir et huileux, support d'un virus extraterrestre, s'infiltre dans son corps.

Double page : Un des premiers dessins de concept dépeint la chute de Stevie dans la caverne texane.

de mystérieux camions-citernes qu'ils ont vus quitter le site de la caverne ; les protagonistes sur un escarpement rocheux surplombant un champ de maïs ; les personnages en plan moyen, sortant en courant du champ de maïs ; ainsi qu'une scène près d'un passage à niveau, et des vues d'un train de marchandises entrant dans un tunnel.

Bien que le canyon isolé et rocailleux fournisse un décor extraordinaire pour toutes ces scènes situées dans les plaines du Texas, la logistique du tournage y fut un véritable cauchemar. On n'entrait et ne sortait du canyon que par une seule issue, une petite route étroite qui compliquait le transport d'équipement lourd. Pour Ward Russell, l'endroit s'avéra également être un des plus difficiles à éclairer : il fallait couvrir une zone très vaste du canyon pour pouvoir tourner les scènes de nuit. « Nous devions éclairer une large surface, dit Russell. Nous avons partagé le travail entre deux équipes, la première tournant tout ce qui concernait les acteurs, tandis que la seconde filmait leur voiture qui passait et le train entrant dans le tunnel. J'ai réglé l'éclairage pour les deux équipes. La plus grosse mise en place montrait le train traversant dans un sens, tandis que la caméra panotait pour aller se pointer dans la direction opposée, vers l'escarpement, assez loin de là. Presque un kilomètre séparait les deux extrémités de ce panoramique, et nous avons dû tout éclairer. Ça a exigé d'immenses projecteurs. »

L'inventaire de l'éclairage comprenait deux projecteurs Musco (les plus gros projecteurs portables disponibles), une grue condor de soixante mètres, équipée d'une batterie de projecteurs HMI 16K et 18K, et deux condors de cinquante mètres, chacun avec un complément de HMI 6K. Chaque élément 6K représentant une puissance de dix mille watts, le gigantesque dispositif déversa des centaines de milliers de watts d'éclairage sur le terrain.

Il fallait également éclairer le point d'observation des protagonistes sur leur escarpement, même si l'on remplacerait le panorama réel aperçu depuis cet endroit par un champ de maïs filmé la semaine suivante à Bakersfield. Pour permettre à l'équipe des effets visuels d'insérer le champ de maïs, on dut suspendre un immense écran bleu à une grue, au-dessus de l'escarpement. « Les extérieurs nuit posent toujours problème pour les écrans bleus, confia Mat Beck. Nous avons dû braquer beaucoup de lumière sur l'écran bleu pour être certains de réussir la mise en place de l'insert. » Une fois sur les lieux, on ajouta un plan non prévu de Mulder et de Scully descendant l'escarpement, et l'on s'aperçut vite que l'écran bleu suspendu était trop petit pour répondre aux nouvelles exigences de ce mouvement de caméra. « Pour agrandir l'écran bleu, nous avons été obligés de peindre à la hâte des morceaux de contreplaqué en bleu et de les disposer partout où nous en avions besoin. »

Ci-dessus, à gauche : Même si tous les intérieurs de la caverne allaient être filmés dans un décor construit dans les studios de la Fox, on reconstitua l'entrée de la caverne en extérieur, avec un trou profond de quatre mètres cinquante, calotté de fibre de verre. **Ci-dessus, au centre et à droite :** L'équipe de décontamination conduite par le Dr Ben Bronschweig prend le contrôle des opérations sur le site de la grotte. **En face :** Josh McLaglen, premier assistant réalisateur, dirige l'atterrissage de l'hélicoptère de décontamination.

En dépit des problèmes posés par ce tournage nocturne dans un canyon isolé presque inaccessible, le moral des acteurs et des techniciens resta au beau fixe ces trois nuits durant. La température frôlait les trente degrés, l'air de la nuit demeura d'une sérénité et d'une douceur agréable. « J'adore tourner la nuit, confia Anderson. Quoi que j'aie fait durant la journée, il y a quelque chose qui se déclenche vers onze heures du soir. Je trouve mon deuxième souffle, et je suis parfaitement heureuse. Et il faisait si bon, c'était si beau là-bas, dans ce petit canyon. J'ai vraiment adoré. Je me suis sentie vivre, ces nuits-là. »

Tandis que la deuxième équipe se concentrait sur les prises avec le train, à une extrémité du canyon, la première acheva ce qu'elle devait faire, entre autres un dialogue entre Mulder et Scully, quand leur voiture aboutit à un cul-de-sac ; un de ces culs-de-sac un peu trop fréquents en compagnie de Mulder, selon Scully. La scène est significative dans le film, parce qu'elle révèle que Scully se lasse de cette quête frustrante qui a duré cinq ans.

« Le coordinateur du train, Bob Clark, s'est chargé de nous obtenir les convois voulus pour Soledad Canyon, expliqua Lata Ryan. C'était un type épatant qui portait une salopette tous les jours, comme un véritable conducteur de train. Tous les trains et toutes les voies employés dans le film appartenaient à la compagnie Amtrak : les autres compagnies ne coopèrent plus avec les productions cinématographiques. » La scène au passage à niveau entre Mulder et Scully fut refaite quinze jours plus tard, à cause de la laryngite dont avait souffert Gillian Anderson durant le premier tournage à Soledad Canyon. « Il y avait tellement de poussière cette nuit-là dans le canyon que ça a complètement cassé la voix de Gillian. Alors, nous sommes revenus au même endroit quelques jours plus tard, pour refaire la scène », expliqua Ryan.

Les éléments indésirables en fond visuel de ce qui devait être la campagne texane – une autoroute et un éclairage urbain qui défiguraient le paysage – furent effacés de la scène par ordinateur, en postproduction.

Quand arriva le dimanche matin, toutes les prises prévues pour le site de Soledad Canyon étaient dans la boîte. Le lundi 21 juillet au soir trouva toute la compagnie à Bakersfield, où la production avait acheté un champ de maïs de trois hectares et demi pour un tournage qui durerait les quatre nuits suivantes. Bob Dexter, chargé de repérer les extérieurs, avait découvert le champ de maïs des mois auparavant et, depuis, il surveillait son état et sa vitesse de croissance. « Nous avions peur que les épis de maïs ne soient pas assez hauts quand viendrait l'heure de tourner les scènes, se rappela Lata Ryan. Mais en inspectant le champ quelques jours avant de tourner, nous nous sommes aperçus qu'en fait les épis l'étaient trop ! Il a fallu arrêter leur croissance en les privant d'eau durant les quelques jours qui les séparaient du tournage. »

Dressées dans le champ de maïs, il y avait deux ruches en dôme – hautes de dix mètres, larges de quarante – construites par le département artistique. « C'étaient des dômes gonflables, expliqua Chris Nowak, faits d'un matériau translucide. Ils étaient éclairés de l'intérieur, ce qui les faisait ressembler à des décorations de Noël géantes, en plein milieu de ce champ de maïs, la nuit. »

Ward Russell n'illumina pas seulement l'intérieur des dômes, mais les trois hectares et demi du secteur pour des plans larges sur les hélicoptères du Syndicat lancés à la poursuite de Mulder et de Scully à

Ci-dessus : Les jeunes acteurs regardent sur un écran de contrôle la scène qu'ils viennent de tourner. **Ci-dessus, à droite** : L'équipe se prépare à filmer la scène où l'on treuille Stevie hors de la caverne. Dans la bulle cryogénique, on a placé un mannequin à l'image de Stevie. **En bas, à droite** : Tournage d'une scène avec l'équipe de décontamination, en extérieur à California City.

LUNDI 14 JUILLET : CALIFORNIA CITY

L'équipe du film est venue tourner sur ce site du désert Mojave les scènes de la chute de Stevie dans une ancienne – et fatale – caverne. À neuf heures du matin, la température frôle déjà les trente-huit degrés. Les membres de l'équipe portent des chapeaux pour se protéger du soleil impitoyable du désert et le médecin de l'équipe est sur le pied de guerre avec d'amples provisions d'écran total. Les assistants de production arpentent le site, faisant passer des bouteilles d'eau.

Le paysage est plat, aride, une vaste plaine de poussière durcie qui s'achève abruptement sur une clôture de lotissement. Il n'y a pas d'arbres et peu de végétation, hormis quelques buissons épars et des *tumbleweeds*. La seule ombre se trouve sous une bâche rayée de un mètre cinquante sur un mètre cinquante qu'on déplace selon les prises de vues et sous laquelle on pose les sièges de toile aux noms du réalisateur, des producteurs et des acteurs principaux. Mais ces chaises restent vides la plupart du temps : Chris Carter, Rob Bowman, Dan Sackheim et Lata Ryan sont retenus par une succession de problèmes, grands et petits. Carter a un livre en main – *Introduction à Kafka* – mais l'occasion de lire entre les prises ne se présentera jamais.

« Nous débutons la journée alors que Stevie est déjà tombé dans le trou, explique Ryan. Les gamins ont filé chercher de l'aide, et les camions commencent à arriver sur les lieux. Dans la scène suivante, les hélicoptères vont atterrir – ceux de l'évasan (évacuation sanitaire), mais aussi celui qui transporte Bronschweig et son équipe de décontamination. Tout de suite après, surviennent des camions-citernes, ainsi qu'une escorte de voitures. Nous devons tourner tout cela aujourd'hui, ainsi qu'un plan de grue qui part du trou pour s'élever de six mètres dans les airs, tandis que les gamins partent en courant. »

La zone est couverte de camions de pompiers aux armes de Dallas, de figurants jouant les badauds inquiets et d'un certain nombre d'acteurs en uniforme de pompiers. Gary Grubbs, l'acteur qui joue le capitaine des pompiers Miles Cooles, goûte un instant d'ombre sous la bâche en attendant qu'on l'appelle sur le plateau. Comme à peu près tous les membres de la distribution, Grubbs n'a vu que les pages concernant son personnage. « Je n'ai pas lu le scénario en entier, si bien que je ne suis pas sûr de savoir ce qui se passe dans cette scène, reconnaît-il. Je ne le saurai qu'en allant voir le film, comme tout le monde. » Quelqu'un « qui sait » lui propose en plaisantant de lui raconter l'intrigue du film – moyennant finance. Grubbs sourit et hausse les épaules. « Je ne suis pas sûr de tenir à le savoir. Je crois que je préfère garder la surprise. » Acteur de composition dont le visage est devenu de plus en plus familier au cours de ces dernières années, Grubbs est un vétéran des *X-Files* : il a joué un shérif de bourgade dans « Une ville bien tranquille », un épisode réalisé par Rob Bowman. « Je me suis bien amusé avec Rob dans cet épisode, et j'ai été ravi de participer au film. Rob m'a fait passer une audition et m'a engagé pour ce rôle de pompier texan. Je viens du Mississippi, mais je peux jouer un Texan. De toute façon, la plupart des gens sont incapables de voir la différence. »

Tandis que s'écoule la matinée et que monte la température, le tournage passe de l'entrée des pompiers dans la caverne à l'arrivée de l'hélicoptère d'évasan et à son atterrissage. À chaque prise, l'hélico aggrave encore la situation en soulevant poussière et gravats dans les airs. La tempête de poussière se prolonge plusieurs minutes, brassée par les rotors. Des membres de l'équipe se nouent des foulards sur le nez et la bouche, comme des cow-boys. Certains portent des lunettes de protection. Après quelques prises, tout le monde dans un rayon de trente mètres est couvert d'un centimètre de crasse du désert. La saleté s'incruste dans les pores, entre les dents, dans les yeux, se colle au cuir chevelu, se mue en glu crasseuse sur des peaux généreusement badigeonnées d'écran total. En milieu de matinée, toute l'équipe, couverte de poussière, meurt de chaleur et de soif… et la journée ne fait que commencer.

En face : Illustrations de concept et décor final du camp de Bronschweig sur le site de l'excavation. **Ci-dessus :** L'Homme à la cigarette (William B. Davis) vient inspecter l'installation de Bronschweig.

travers le champ de maïs. « Il y avait plus de cinq cents mètres entre la caméra et la ruche en dôme installée à l'autre bout du champ, expliqua Russell. J'ai dû éclairer les cinq cents mètres de façon assez intense pour pouvoir filmer la scène d'action de nuit avec les hélicoptères. Quatre projecteurs Musco et deux au xénon ont à peine suffi pour nos besoins en lumière. » On fixa également sur les hélicoptères eux-mêmes des projecteurs au xénon, braqués sur le champ de maïs comme des spotlights. « Ça correspondait aux circonstances du scénario, où ces hélicoptères traquaient des personnages au sol, mais les projecteurs nous ont aussi servi de sources principales de lumière. » Pour garantir qu'on distinguerait les hélicoptères sur le ciel nocturne, on peignit des bandes blanches sur leurs pales de rotor. « Les bandes nous ont au moins permis de distinguer des cercles dans le ciel quand les pales étaient en mouvement. »

L'éclairage intense nécessaire pour saisir la séquence d'action donnait des images trop lumineuses pour l'équipe des effets visuels, qui devraient insérer des images nettes du champ de maïs – sans acteurs ni hélicoptères – dans les zones d'écran bleu des prises de vues faites depuis l'escarpement de Soledad Canyon. Étant un élément lointain du décor nocturne, le champ de maïs aurait dû être assez sombre. « Nous voulions juste voler ces plans pour notre décor, ce qui fait qu'on ne les avait pas éclairés en pensant à nos besoins, bien évidemment, déclara Mat Beck. Et on n'avait pas le temps de modifier l'éclairage en fonction de nos souhaits. Personne n'allait rester planté là avec la première équipe, en attendant que les types des effets visuels adaptent l'éclairage des décors pour un plan d'effets. Alors, j'ai juste filmé une gamme d'expositions différentes, en sachant qu'il faudrait jouer sur les niveaux de brillance quand viendrait l'heure d'insérer les plans. »

Parmi les difficultés du tournage à Bakersfield figurait la nécessité de faire voler les hélicoptères assez près du maïs pour qu'ils apparaissent dans le champ de l'objectif, sans compromettre la sécurité des pilotes, des acteurs et de l'équipe au sol – un équilibre délicat chorégraphié par David Paris, coordinateur des vols. Autre risque potentiel : une nappe de fumée créée par l'équipe d'effets spéciaux de Paul Lombardi couvrait tout le secteur. « Nous

de tournage. Nous avions installé des générateurs de fumée et de grands ventilateurs pour l'orienter. Le problème, c'était le vent, qui se levait et poussait la fumée çà et là. Au moment où on obtenait enfin l'effet désiré, le vent soufflait et gâchait tout. La fumée n'est pas un des effets spéciaux les plus prestigieux, mais c'est pourtant une des choses les plus difficiles à faire. »

Ci-dessus : Mulder et Scully, doutant de l'annonce officielle d'une épidémie de virus Hanta, viennent inspecter le site de l'excavation, mais ne trouvent qu'un parc, aussi flambant neuf qu'incongru. **A droite** : En coulisses avec Gillian Anderson sur le tournage à California City.

À gauche : David Duchovny et Chris Carter, producteur, discutent sur les lieux du tournage, à California City. **Ci-dessus :** Bien qu'on ait acheté leur silence par des bicyclettes neuves, les amis de Stevie informent à contrecœur Mulder et Scully

me frappant en pleine face. »

Bien que nul alors ne s'en doutât, Anderson et Duchovny n'étaient pas seuls dans le champ de maïs. Un adolescent, une caméra vidéo dans son sac à dos, avait réussi à s'introduire dans le champ et à se cacher entre les épis de maïs. De son point d'observation au ras du sol, l'adolescent parvint à vidéoscoper les acteurs en action, ainsi que les ruches en dôme, et vendit ensuite sa cassette à une station de télévision locale. « Nous avons été stupéfaits en regardant les infos, le lendemain, de voir notre décor *top secret* et toutes ces prises de vues qui passaient à la télé, se remémora la scripte en chef Tricia Ronten. Étant donné l'emplacement et la façon dont nous étions installés, nous avons déduit que, pour prendre ces scènes, il avait dû ramper à travers champs sur plus de deux kilomètres, et la traversée n'a pas dû être une partie de plaisir. »

« Le plus amusant, ajouta Bob Uecker, c'est qu'il avait fait des prises de vues vraiment intéressantes, cinématographiquement parlant. Le gosse avait un excellent point de vue, de sa cachette dans le maïs. Nous avons tous dit en plaisantant que nous devrions peut-être employer certaines de ses prises dans le film. »

Quand les scènes avec les acteurs furent terminées, on mit le feu au champ de maïs et on filma la scène, pour obtenir des plans qui serviraient à une séquence de destruction des preuves, vers la fin du film. Pour que le maïs brûle plus aisément, on avait coupé le système d'irrigation du champ une dizaine de jours avant le tournage. Mais même secs, les plants de maïs ne flambaient pas. « Autant brûler du céleri, se souvint Lombardi (dont l'équipe était chargée d'incendier le champ). Nous avons été obligés de concevoir un système pour arroser le champ de sept mille cinq cents litres d'alcool. Ensuite, nous avons disposé un bon millier de bottes de foin, et nous avons mis le feu. » Le champ de maïs en flammes était

Ci-contre : Mulder consulte une carte, quand Scully et lui aboutissent à un cul-de-sac dans leur poursuite des mystérieux camions-citernes.

à l'origine prévu comme un extérieur jour, concomitant de la scène de la commission d'enquête, à la fin. Mais, suite aux délais causés par les problèmes de mise à feu, le jour avait cédé la place à la nuit lorsqu'on put enfin tourner. Ce fut une heureuse coïncidence, car les responsables du film jugèrent le champ de maïs en flammes plus intéressant contre le ciel nocturne qu'il ne l'aurait été de jour.

Le tournage de nuit à Bakersfield se poursuivit pendant la matinée du mercredi. Après quoi, l'équipe regagna Los Angeles, où on avait retenu un immeuble en ville pour les extérieurs de l'appartement de Mulder, à Washington DC. Là, le jeudi 24 juillet, on tourna les séquences où Scully est emmenée en ambulance – après avoir été piquée par une abeille dans le couloir menant à l'appartement de Mulder – et la scène dans laquelle le faux conducteur d'ambulance fait feu sur Mulder. Les nuits suivantes furent consacrées à d'autres extérieurs en ville.

Quand le tournage se termina, le dimanche 27 juillet au petit matin, la compagnie avait mené à bien sa première série de tournages en extérieur. Si le travail avait été dur pour les acteurs et les techniciens, Chris Carter – temporairement libéré de la tyrannie des scénarios de la série et de ses charges de producteur – considéra un peu le tournage en extérieur comme des vacances. « Les journées de travail étaient longues, concéda-t-il. Mais ensuite, nous rentrions à l'hôtel et nous dormions nos huit heures. Et en nous levant, nous disposions, avant de gagner les lieux du tournage, de trois ou quatre heures pendant lesquelles nous pouvions lire, nous promener, manger, toutes ces choses que je ne pouvais pas faire au studio, parce que je devais courir au bureau faire le travail en retard pour la série télé. Par chance, je disposais à Los Angeles de Frank Spotnitz, qui expédiait les affaires courantes et travaillait avec les scénaristes de la série, ce qui m'a permis d'aller sur les sites de tournage surveiller le film. »

VENDREDI 16 JUILLET : SOLEDAD CANYON

Après deux jours de tournage à California City, l'équipe se réhabitue à la nuit dans Soledad Canyon, près de Santa Clarita, en Californie, où elle filme la découverte du champ de maïs et des ruches en dôme par Mulder et Scully, depuis le sommet d'un escarpement dans la campagne texane. En fait, le promontoire surplombe le canyon rocheux isolé. Mais un champ de maïs, qu'on a prévu de filmer la semaine suivante, sera inséré dans la scène.

Au fond du canyon, une version réduite du champ de maïs – trois mètres carrés – a été mise en place par l'atelier de décoration et les paysagistes de l'équipe, en plantant les pieds de maïs un par un dans un trou peu profond du sol. Le mini-champ de maïs est réservé aux gros plans et plans moyens de Mulder et de Scully courant à travers champs, pourchassés par de mystérieux hélicoptères noirs. Mais les hélicos eux-mêmes, ainsi que d'autres plans larges, ne seront tournés que lorsque la production ira s'installer dans un champ de maïs plus vaste, à Bakersfield.

L'incongruité de cette plantation au milieu du canyon rocheux est encore accentuée par un énorme ballon à hydrogène d'éclairage qui plane de façon insolite sur la zone de verdure. « Nous employons cet engin pour l'éclairage général, explique le directeur de la photographie, Ward Russell. Ça nous permettra de nous placer directement au contact des acteurs, pendant la scène. En fait, il s'agit d'un ballon d'hélium qui contient une source lumineuse. Pour l'instant, il est arrimé ; mais quand nous tournerons, des membres de l'équipe seront aux cordages pour le faire monter et descendre selon les besoins. L'idée est d'avoir une source lumineuse facile à déplacer. On ne peut pas employer ça en cas de vent, parce qu'il dériverait. Mais c'est idéal par temps calme, comme ici. Dans cette scène, il aurait été très difficile d'éclairer les acteurs autrement. »

À une heure du matin, l'équipe des éclairagistes s'installe aux amarres, tandis que Gillian Anderson et David Duchovny écoutent les dernières instructions de Rob Bowman. Au cours de cette scène, Mulder et Scully doivent émerger du champ de maïs, s'arrêter pour jeter un coup d'œil en arrière aux hélicoptères qui approchent, puis se retourner pour gravir en courant une côte, vers leur voiture de location. Pour la cohérence, Duchovny s'agenouille dans la poussière afin de salir ses genoux de pantalon, et un membre de l'équipe des costumes pratique de petites lacérations sur sa cravate. On demande aux maquilleurs de « polliniser » les acteurs, ce qui est fait en appliquant une poudre jaunâtre sur leur peau et sur leurs vêtements. Finalement, tout est en place, et Bowman lance les caméras.

Plusieurs prises après le début de la scène, Anderson recule, se prépare à courir… trébuche sur des *tumbleweeds* et s'affale sur le dos. Inquiets, les gens courent aider l'actrice qui reste étendue. En fait, elle est prise d'une crise de fou rire. « Il était là avant, ce buisson ? demande-t-elle entre deux éclats de rire. Comment ai-je pu le manquer les autres fois ? » On l'aide à se relever et on reprend.

À chaque prise, l'équipe d'effets spéciaux allume de gros ventilateurs Ritter pour créer une nappe de poussière d'ambiance, soulevée en principe par les hélicoptères qu'on ajoutera ultérieurement à la scène. David Womark, directeur de production, et Michael Moore, deuxième assistant réalisateur, passent en revue les besoins de l'équipe d'effets spéciaux pour le tournage de la nuit prochaine.

« Y a combien de Ritter qui tournent, demain ? demande Moore.

– Tu entends quoi, par Ritter ? rétorque Womark. Y a pas mal de ventilos différents, mais ce ne sont pas tous des Ritter.

– Bon, d'accord, reprend Moore après un instant de silence. Y a combien de ventilos maousses qui tournent, demain ?

– Quatre », répond Womark.

Ci-contre : La poursuite des camions-citernes par les agents les conduit à un gigantesque champ de maïs, ponctué d'étranges dômes lumineux. Les illustrations de concept montrent les dômes vus de l'escarpement, une des premières représentations de l'extérieur d'un dôme, et l'intérieur du dôme.

IV/ LE TOURNAGE : EN STUDIO

Quand la production entra dans une période d'un mois de tournage sur les plateaux de la Fox, les « vacances » de Carter prirent fin. La production de la cinquième saison des *X-Files* commencerait dans moins d'un mois, exigeant que Carter accorde plus d'attention à la série. « J'écrivais trois des cinq premiers épisodes, à ce moment-là, si bien que j'avais des journées bien remplies, déclara Carter. Une fois que j'ai replongé dans la mêlée, j'écrivais douze heures par jour, par nécessité. J'applique à l'écriture une véritable philosophie d'artisan. Pour la plus grosse part, il s'agit de se coller les fesses sur une chaise, de mettre les doigts sur le clavier et de ne pas se lever avant que le travail soit fini. Il faut du talent, bien entendu, et il faut de bonnes idées, et il faut être écrivain. Mais beaucoup de gens ont ces qualités et ne produisent rien, parce qu'ils manquent de discipline. »

L'équipe irait revisiter plusieurs sites de tournage en fin de production, pour filmer des séquences où n'apparaissaient pas Mulder et Scully ; mais, pour le mois à venir, acteurs et techniciens s'installèrent dans les studios de la Fox. La logistique d'un tournage en studio était plus simple, le lieu de travail plus proche des domiciles, et les horloges biologiques pouvaient reprendre leur rythme normal après la perturbation d'une longue période de tournage nocturne. Seul inconvénient : dans l'environnement contrôlé des plateaux, le lever ou le coucher du soleil ne dictaient plus la durée des journées de travail.

Elles pouvaient se prolonger autant que le permettait le budget d'heures supplémentaires.

Le lundi 28 juillet fut jour de planification pour Chris Carter, Rob Bowman, Dan Sackheim, Lata Ryan et cinquante membres de l'équipe ; ils se préparaient à deux semaines de tournage sur un des plus grands et des plus complexes décors du film, l'intérieur du vaisseau spatial, sur le plateau 16. « Nous avions tous visité le décor auparavant, mais ce lundi-là, c'était la première fois que nous le voyions avec les ébauches d'éclairages et les loges cryogéniques. Ce fut un grand jour », reconnut Carter. À l'ordre du jour, le planning des prises intérieures du vaisseau, parmi les plus exigeantes du calendrier ; en effet, sur le plateau, n'était construite qu'une faible partie du gigantesque vaisseau spatial. À part les plans les plus rapprochés, toutes les prises exigeraient le rajout d'images de synthèse. « Chaque fois que la caméra panoterait vers le haut ou quitterait le décor, il faudrait compléter l'image par une animation sur ordinateur. Il a donc fallu planifier la disposition des écrans verts – les zones dans lesquelles seraient insérés les plans d'images de synthèse – et le cadrage de chaque plan, pour ne pas nécessiter plus d'images de synthèse que prévu par le story-board et le budget. »

Les préparations se poursuivirent sur le plateau 16, tandis que la première équipe reprenait le tournage par une scène entre Mulder et l'Homme bien manucuré, à l'intérieur d'une limousine, le mardi 29 juillet. Plutôt que de filmer le véhicule roulant en ville, on l'installa sur une estrade de rétroprojection, avec des images de la ville en fond qui devaient apparaître par la vitre.

Ci-contre : Le tournage de nuit dans un champ de maïs de Bakersfield comprenait des hélicoptères volant à basse altitude pour chasser Mulder et Scully du site du projet.
En haut et en bas : Bowman et Duchovny examinent les prises sur un moniteur vidéo, à Bakersfield. **Au centre :** Les dangereuses évolutions en vol à basse altitude ont été coordonnées par David Paris. Mulder et Scully voient les hélicoptères en approche.

La production avait essayé de trouver des images de Washington DC pour la rétroprojection ; quand il apparut que l'on ne réussirait à trouver aucune séquence adaptée, Dave Drzewiecki, directeur pigiste de la photographie, fut engagé pour parcourir une nuit les rues de Los Angeles et filmer des décors. « La pellicule obtenue devint celle que nous avons utilisée pour la rétroprojection à travers les vitres de la voiture, expliqua Mat Beck. L'estrade n'était pas assez grande pour la distance de projection nécessaire, et nous avons placé l'écran sur un camion à côté de l'estrade afin d'obtenir un recul suffisant. La rétroprojection est une méthode assez démodée, mais ça reste un bon moyen d'obtenir certains plans. » Quand la voiture et le rétroprojecteur furent prêts, on fit venir Duchovny et John Neville pour jouer la scène sous la direction de Rob Bowman. « C'était beaucoup mieux que d'essayer de tourner dans une véritable voiture, en plein centre-ville. La qualité du son, par exemple, était bien meilleure, puisqu'on était en studio. Nous maîtrisions tout beaucoup mieux. »

Le mercredi 30 juillet, Chris Carter passa derrière la caméra de deuxième équipe pour diriger une scène à la morgue où Scully – qui vient d'autopsier la dépouille du pompier – tente de ne pas se faire repérer par le personnel de sécurité, tout en menant avec Mulder sa traditionnelle conversation sur un portable. Bien que prévue au départ pour un tournage de première équipe, on avait dévolu la scène à Carter et aux techniciens de deuxième équipe pour essayer de rattraper le temps perdu le samedi précédent, quand Gillian Anderson souffrait de sa laryngite. Parfaite illustration de l'expression « Chacun son tour », Rob Bowman, au travail sur un autre plateau, prit souvent le temps entre chaque préparation de prise d'aller jeter un coup d'œil sur les progrès de Carter. « Rob disait toujours en plaisantant que je venais lui taper sur l'épaule, quand il réalisait, pour lui donner mon avis, déclara Carter. Et donc, pendant que je dirigeais les prises de deuxième équipe, il arrivait et il me disait : "Ne t'inquiète pas, je ne vais pas te taper sur l'épaule." Mais il est souvent resté debout derrière moi et je sentais sa présence. Rob est un enragé de la composition des plans, et je voulais être sûr de lui faire plaisir. J'ai fait tirer un peu plus de prises à chaque plan, pour lui laisser le loisir de choisir dans une palette de séquences, plutôt que de le forcer à travailler avec ce que j'avais choisi. Finalement, la journée s'est bien passée. J'avais déjà dirigé Gillian et je connaissais bien la scène. Et Rob et Ward Russell, le directeur de la photo, n'étaient qu'à quelques mètres de là. Ils étaient donc disponibles si j'avais la moindre question sur l'éclairage ou la scène. Sur ce plan, j'étais en apprentissage surveillé. »

Ce mercredi-là, tandis que Carter tournait la scène de la morgue avec la deuxième équipe, Rob Bowman et la première équipe avançaient dans leur première journée de prises à l'intérieur du vaisseau spatial sur le plateau 16, cadre d'une longue séquence pendant laquelle Mulder explore l'intérieur du vaisseau, libère Scully de la loge cryogénique et rencontre un extraterrestre qui a émergé du corps de son hôte quand la température est montée à l'intérieur de l'engin. L'immense édifice verdâtre du plateau 16 avait été le plus

En haut, à gauche : L'Homme bien manucuré (John Neville) a un rendez-vous clandestin avec Mulder pour lui transmettre des informations cruciales sur le Projet, ainsi que les coordonnées de l'endroit où est détenue Scully, et un vaccin contre le virus extraterrestre qui l'a contaminée. **Ci-contre :** Mulder assiste, interdit, à l'explosion de la voiture de l'Homme bien manucuré.

délicat de tous les décors intérieurs. L'achever à temps pour le tournage avait réclamé un effort herculéen de la part de l'atelier artistique et des équipes de construction. « Concevoir l'intérieur du vaisseau spatial a représenté un gros travail, dès le départ, parce que le scénario restait très vague sur son aspect, déclara Chris Nowak. Dans le script, l'action se déplaçait d'une zone floue à une autre, sans jamais expliquer précisément ce que représentait chaque zone. Dans un cadre de temps très limité, nous avons développé l'aspect exact du décor, en modifiant les concepts selon les révisions du scénario ou du story-board de Rob. Il fallait le dessiner rapidement, si on voulait avoir une chance de le construire dans les temps. »

Tel qu'il est décrit, ni Mulder ni le public ne devraient se douter que ce gigantesque volume est l'intérieur d'un énorme vaisseau spatial, jusqu'à ce que, plus tard dans le film, Mulder et Scully – qui ont réussi l'escalade de retour sur la plaine glacée – assistent à l'ascension et au décollage du vaisseau. « Nous avons essayé de préserver le mystère du décor, affirma Nowak. Nous voulions qu'il semble ne pas être de ce monde, qu'il soit bizarre, pour que le public ne sache pas ce qu'il regarde. »

On finit par concevoir le décor comme une série d'énormes structures tubulaires, conduisant à des couloirs bordés de loges cryogéniques. Au départ, le plan était de construire un décor séparé

pour chaque zone principale du vaisseau. Mais le budget du film n'autorisait pas une procédure aussi grandiose et le vaisseau fut conçu et construit en un seul décor gigantesque, assez flexible pour accueillir toute l'action décrite dans le scénario. « Il a fallu combiner tous ces décors différents en un seul, énorme, enlever les cloisons si nécessaire, ou redécorer certaines parties pour changer d'apparence au fur et à mesure que Mulder passait d'une section du vaisseau à une autre, déclara Nowak. Nous avons dû imaginer des façons pour que tel décor puisse servir pour deux, trois ou quatre prises différentes. »

La construction en studio, qui allait occuper le moindre centimètre de l'immense plateau, commença exactement huit semaines avant le début des prises de vues à l'intérieur du vaisseau spatial. « Le décor a été bâti avec des couches de plâtre, de mousse et de styrène. Sa construction a représenté un travail énorme. Nos équipes ont travaillé soixante jours de suite, sans répit, de façon que tout soit prêt à temps. »

Tandis que l'atelier artistique et les équipes de construction se chargeaient des superstructures du décor, un entrepreneur extérieur fabriquait les loges cryogéniques bordant un des couloirs et les livra sur le plateau. Les corps d'hôtes vus à l'intérieur des loges cryogéniques vert phosphorescent avaient été fabriqués par ADI et KNB. La première créa deux corps d'hôtes mécaniques,

Ci-contre : Les doyens du Syndicat se rencontrent en Angleterre, dans un club pour gentlemen de Kensington, afin de discuter des mutations du virus extraterrestre. Les intérieurs pour cette scène ont été tournés dans un club de l'Institut de Technologie de Californie, à Pasadena. **Ci-dessous :** Scully s'introduit dans la morgue d'un hôpital pour examiner la dépouille d'une victime de l'attentat à la bombe. **Insert :** Scully fait l'autopsie clandestine du pompier mort, dont le corps a été contaminé par le virus extraterrestre.

articules, qui figureraient dans la séquence où les extraterrestres commencent à éclore et à émerger des loges cryogéniques – une victime que l'on reconnaît comme le primitif contaminé par le virus extraterrestre dans la séquence d'ouverture du film, et une autre à un stade d'infection aussi avancé. Les deux corps articulés étaient faits de silicone transparente, soutenue par le peu d'organes internes et de structure osseuse subsistant chez l'hôte. « À l'intérieur des corps, l'extraterrestre se nourrit des protéines et des organes de son hôte, expliqua Alec Gillis. Et donc, au fur et à mesure que l'embryon se développe, le corps se ratatine pour devenir une simple coquille. »

Les extraterrestres arrivés à terme étaient nettement visibles à travers les corps transparents. Ils jailliraient de leurs hôtes et se libéreraient de la loge cryogénique prise dans la glace au cours de la scène de l'éclosion. Plutôt que de fabriquer pour l'éclosion deux nouveaux mannequins d'extraterrestres articulés, ADI modifia la tête et le costume de la créature juste éclose que porterait Tom Woodruff, et les adapta sur les hôtes articulés. « Nous avons fait une petite version tassée du costume en mettant des pinces et des plis, et nous l'avons placée à l'intérieur du corps de l'hôte, expliqua Woodruff. Pour obtenir des expressions faciales au moment où la créature se libérait, nous avons également placé notre tête héroïque articulée à l'intérieur du corps. Dehors, l'ensemble apparaissait ridicule : une grosse tête sur un corps minuscule et atrophié. Mais ça marchait quand il était bien replié et tassé dans l'organisme de l'hôte humain. C'était une tricherie énorme, mais ça a permis de parfaire l'illusion pour le public. » Les articulations faciales de la tête de la créature étaient contrôlées par radio, hors du champ de la caméra ; mais l'essentiel des mouvements généraux de l'extraterrestre qui se débat pour éclore fut obtenu sans recours mécanique. « Nous avons jugé que la meilleure façon de faire était de camoufler les marionnettistes derrière la loge cryogénique, de plonger la main dans le dos de l'hôte par un volet et de remuer la créature à la main. Ça donnait assez de mouvement pour faire paraître vivante la créature. »

Les loges cryogéniques d'arrière-plan, qu'on ne verrait pas dans la séquence de l'éclosion, étaient garnies de mannequins inertes fabriqués par KNB. « La production avait besoin de corps d'hôtes indifférenciés, montrant deux stades de l'infection extraterrestre, expliqua Howard Berger. Nous avons fabriqué cinq hommes et cinq femmes pour les hôtes en première phase, des corps d'apparence normale, mais congelés. Ensuite, nous avons fabriqué quatre corps en deuxième phase – deux hommes et deux femmes – transparents et déformés, avec une créature visible à l'intérieur. Aucun de ces corps ne devait être articulé, puisqu'on ne les verrait dans aucun plan de la séquence de l'éclosion. C'étaient essentiellement des accessoires, mais ils devaient être impeccables. J'ai pris pour principe que, même

si le public ne distinguait jamais le degré de détail sur ces corps, Chris Carter et Rob Bowman le verraient. Je savais qu'ils seraient sur le plateau et qu'ils inspecteraient les corps de près. Je voulais des corps parfaits, ne serait-ce que pour Chris et pour Rob. »

Les corps d'arrière-plan en première phase ont été, soit sculptés, soit fabriqués à partir de moulages indifférenciés dont disposait KNB, vestiges d'autres projets. Les corps dans leur stade final furent fabriqués en silicone additionnée de mousse de polyuréthane, avant d'être peints. On employa de la silicone transparente pour les corps en deuxième phase, en complétant par des embryons extraterrestres en mousse de latex. « Nous avons exagéré la peinture de la créature en mousse pour qu'elle apparaisse bien à travers la peau de l'hôte, expliqua Berger. Nous avons également renforcé la visibilité en amincissant au maximum la couche de silicone au niveau de l'estomac. » Les embryons en mousse n'apparaissant pas suffisamment à travers la peau, Berger et son équipe retirèrent les accessoires en dur et se contentèrent de peindre la forme de l'embryon sur la paroi moulée sous vide à l'intérieur des corps d'hôtes.

La plus reconnaissable des victimes en première phase est l'agent Scully, plongée dans le coma et maintenue en hibernation dans la loge cryogénique qui la garde en vie. KNB devait créer une réplique nue de Gillian Anderson, fabriquée à partir d'un moulage de la tête de l'actrice et d'un moulage de corps fait sur une doublure. Anderson – qui avait déjà subi l'épreuve du moulage de tête une fois, pendant le tournage de la série télévisée – redoutait de s'y soumettre à nouveau pour le film. « J'ai des tendances à la claustrophobie, expliqua-t-elle. C'est assez horrible d'être couverte par le produit de moulage. Le pire, c'est que tous les bruits cessent quand ils vous bouchent les oreilles. On n'entend rien, on ne voit rien, on ne respire plus que par deux pailles. J'avais trouvé ça vraiment terrifiant la première fois. Par chance, quand ils ont fait un moulage de ma tête pour le film, ça s'est passé beaucoup plus vite que précédemment. »

« Le travail avec Gillian s'est déroulé dans des conditions parfaites, déclara Berger. Elle se méfiait un peu du moulage de la tête, mais tout s'est passé sans problème et elle s'est montrée très coopérative. Et le faux corps a été splendide. »

Équipé des loges cryogéniques et des hôtes qui les occupaient, l'intérieur du vaisseau spatial terminé remplissait tout le plateau de tournage. Mais si gigantesque que soit ce décor terminé, il ne représentait qu'une fraction du vaisseau spatial entier. Les autres niveaux et zones de l'appareil seraient ajoutés à l'ordinateur par les experts en effets digitaux de Mat Beck, chez Light Matters. On insérerait ces extensions informatiques du décor dans les zones de fond du décor, couvertes de tissu vert pour les besoins de la postproduction.

Pendant les jours précédant le tournage dans l'intérieur du vaisseau spatial, une équipe de techniciens avait suspendu des écrans verts au plafond du plateau sur une sorte de glissière qui permettrait de réorienter le tissu selon les besoins. Beck avait jugé que le vert serait la couleur la plus appropriée, à cause de la couleur du décor, des tons en majorité bleus qu'avait employés Ward Russell pour éclairer le plateau au cours des essais, et de la couleur bleue de la tenue que porterait David Duchovny au cours de la scène. Comme l'insertion digitale se fonde sur la capacité de l'ordinateur à reconnaître et à sélectionner une couleur précise, ce bleu omniprésent dans les lumières, le décor et les costumes interdisait l'emploi d'écran bleu. Mais au fil du tournage, Beck et son équipe se virent contraints, sur certains plans, d'accrocher en toute hâte des écrans bleus, voire même rouges. « Une fois que nous sommes passés au tournage proprement dit, la couleur prédominante de l'éclairage a viré du bleu au vert, ce qui rendait une insertion sur écran vert d'autant plus difficile, expliqua Beck. Ça m'a inquiété. À un moment donné, je suis allé voir Chris Carter et je lui ai dit : "Euh, c'est vraiment très vert, ça, comme éclairage, non ?" Et Chris m'a répondu : "Si, et ça me plaît comme ça." Alors, bien sûr, je n'avais plus rien à dire, à part : "Ah, ben oui, moi aussi, j'adore les éclairages verts." » Le vert fluorescent des loges cryogéniques a encore aggravé la situation. « D'un seul coup, je me retrouvais dans la pire des situations : un acteur vêtu de bleu pendant la scène, mais

des éclairages verts, des loges cryogéniques vertes. Nous avons fini par déterminer la couleur des écrans plan par plan et, dans certains cas, zone par zone à l'intérieur d'un même plan. » On employa des écrans bleus quand on filmait les loges cryogéniques vertes, et des écrans verts quand le costume bleu de Duchovny apparaissait dans le plan. « Nous avons mis du vert où il le fallait, et du bleu quand on était obligés, mélangeant et harmonisant suivant les besoins. » On employa une troisième couleur, le rouge, pour les repères placés sur le décor, des repères qui permettraient à l'équipe des opérations digitales de régler le mouvement de la caméra virtuelle sur celui de la véritable caméra. « Nous avons peint les cubes de référence en rouge fluo, de façon qu'ils contrastent bien avec le vert, le bleu, ainsi qu'avec l'avant-plan. »

Avant que Beck et son équipe ne posent les pieds sur le plateau, ils avaient prévisualisé les extensions digitales du décor sur des ébauches informatiques. « Ces prévisualisations étaient cruciales, parce que certaines de ces extensions de décor étaient très complexes, déclara Beck. Nous devions planifier les mouvements de la caméra dès le départ, décider où nous aurions besoin de bleu ou de vert pour chaque déplacement de la caméra. La prévi nous a également beaucoup aidés en montrant à tout le monde quel aspect auraient les scènes finales. Ce qui était important, puisqu'une si grande partie de l'intérieur du vaisseau spatial serait faite par ordinateur. Le plateau représentait environ un trente-deuxième

JEUDI 31 JUILLET :
INTÉRIEUR DU VAISSEAU SPATIAL

Il est un peu plus de neuf heures du matin. Mat Beck, superviseur des effets visuels, est sur le plateau depuis sept heures, pour préparer les prochaines prises en plan large de l'intérieur du vaisseau spatial, dans lesquelles son équipe insérera par ordinateur des extensions de décor. « La première chose que j'ai faite, aujourd'hui, c'est de parler aux gens qui ont tout installé cette nuit, explique Beck. Une prise prévue pour demain va en fait se tourner aujourd'hui, et donc les machinistes ont disposé cette nuit les éclairages pour nos immenses écrans bleus et verts. Le calendrier n'arrête pas de changer, et on doit se démener pour rester à jour. C'est un film complexe, ambitieux, et nous essayons de réaliser beaucoup de choses dans des délais très courts. Mais nous nous sommes tous engagés à ce que le résultat soit superbe, en dépit de tous les problèmes. »

Des semaines avant le tournage à l'intérieur du vaisseau spatial, Beck et son équipe ont préparé sur ordinateur des prévisualisations de chaque plan d'effets visuels de la séquence. Même avec cette préparation, toutefois, l'incertitude règne sur le plateau, ce matin, ainsi que des doutes sur l'endroit où installer précisément la caméra, la façon dont cadrer un panoramique où Mulder remonte la coursive du vaisseau avec Scully dans ses bras. Bien que ces plans aient été prévus dans le story-board et prévisualisés, ce panoramique précis – qui débute sur le décor réel et s'y termine, mais incorporera au milieu un plan large sur le vaisseau spatial digital – ne figurait pas au calendrier jusqu'à aujourd'hui. « Ça arrive tout le temps, déclare Beck, philosophe. On se retrouve toujours avec des plans qu'on n'avait pas préparés ni planifiés. Alors, nous galérons un peu en ce moment. Nous installons un écran bleu pour tourner ce plan imprévu, et s'il n'est pas parfait, nous pourrons rectifier en bout de chaîne, au moment d'insérer les plans digitaux dans la séquence. Un des avantages de la technologie digitale, c'est qu'elle s'accommode plus facilement des changements que les autres types d'effets visuels. »

Plus tard, le même jour, l'équipe se prépare à tourner la dernière partie de la descente de Mulder entre le sommet de l'intérieur du vaisseau spatial et la coursive

où Scully est enclose dans une loge cryogénique. Vêtu d'une parka, lampe torche à la main, Duchovny saute dans le champ de la caméra depuis une échelle hors champ, pour suggérer le bond final de Mulder vers la coursive. Au moment où les caméras se préparent à tourner, la scripte, Tricia Ronten, rappelle aux membres de l'équipe d'allumer la torche de Duchovny.

À la prise suivante, Bowman demande à Duchovny s'il n'a pas d'objection à sauter depuis le haut de l'échelle, au lieu de la mi-hauteur, pour donner plus de dynamisme au saut. « Aucune », assure Duchovny. L'acteur grimpe au sommet de l'échelle et se place sur une des structures tubulaires du décor. Juste avant qu'on ne crie : Action !, un membre de l'équipe retire précipitamment l'échelle, laissant Duchovny un instant perché, avant qu'il ne saute de cette hauteur, dans le champ de la caméra. Bowman semble satisfait de la prise, et l'équipe se prépare pour la fouille subséquente de la coursive par Mulder.

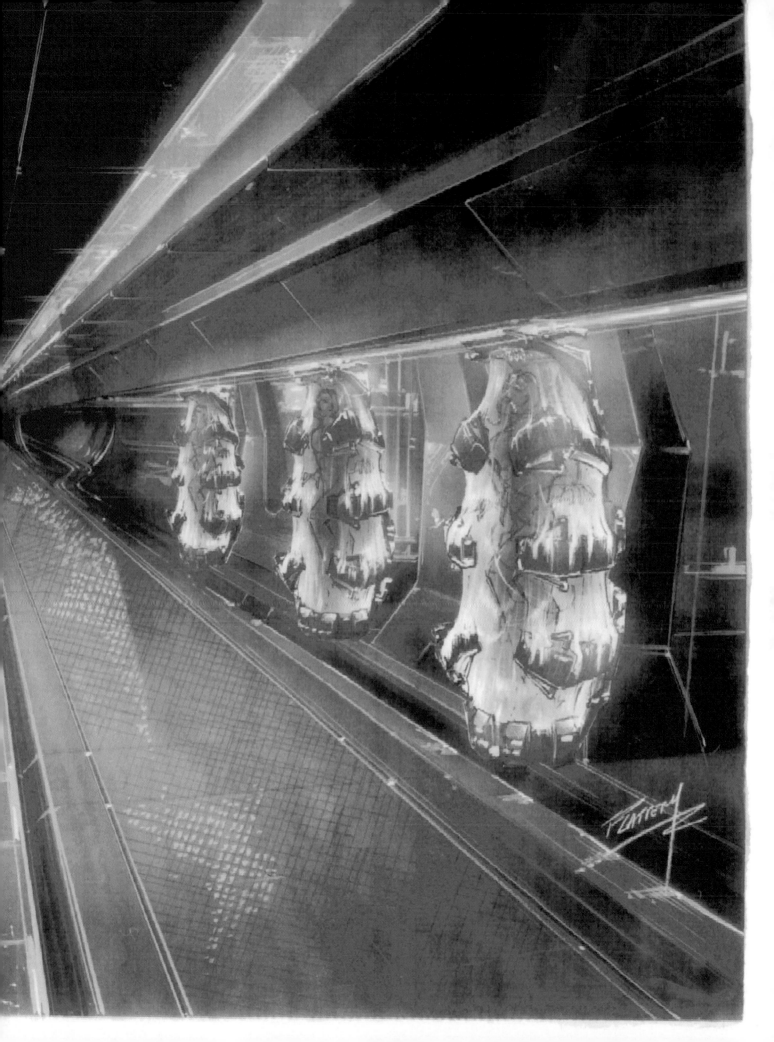

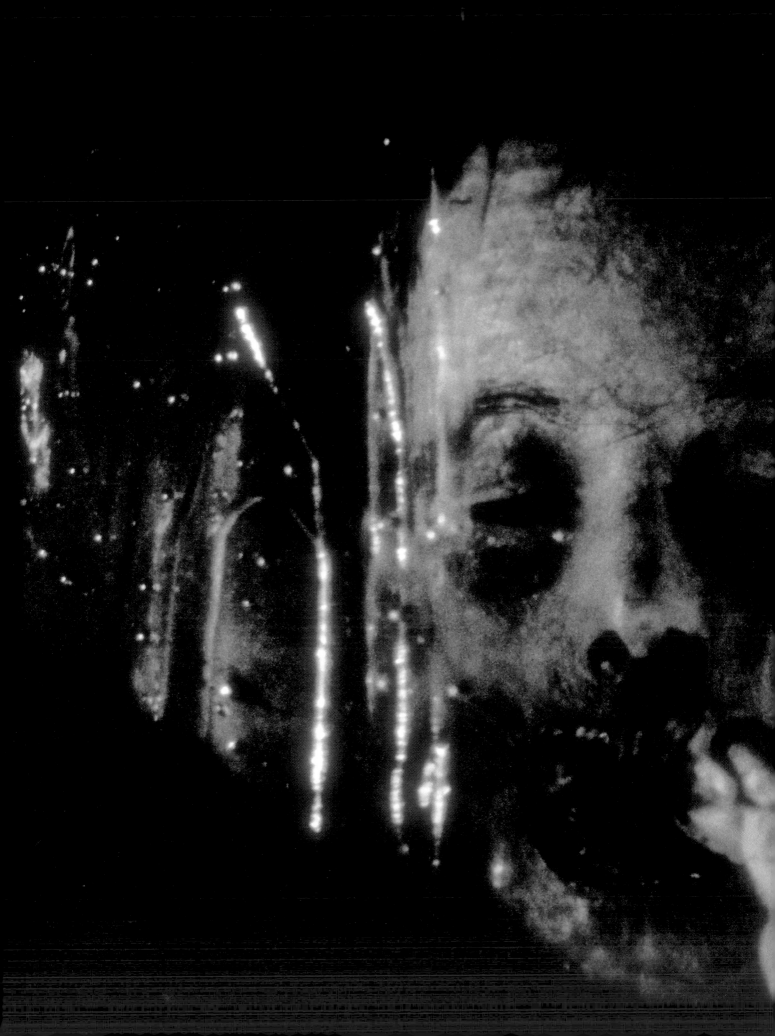

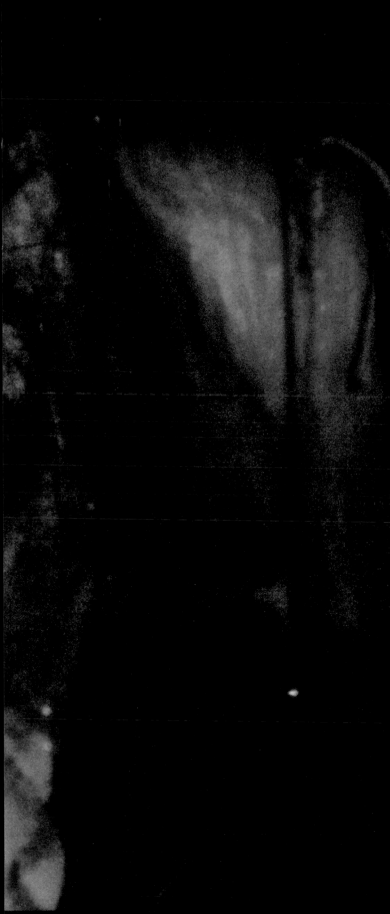

de la surface totale. Le reste serait créé sur ordinateur. Donc, la prévi ne m'aidait pas seulement à décider où serait la caméra et où se placeraient les écrans bleus ou verts, mais elle a permis à tout le monde sur le plateau de voir à quoi ressembleraient les scènes, une fois les extensions digitales ajoutées. »

Malgré la prévisualisation et la planification du lundi précédent, le premier jour de tournage dans le vaisseau spatial se distinguait par une certaine inquiétude et une appréhension générale quant à la façon dont on devrait cadrer les scènes et déplacer la caméra. Inquiétude légitime. Chaque fois que la caméra quittait le plateau proprement dit, il faudrait ajouter par ordinateur une extension de décor. Comme les images de synthèse coûtent très cher, seul un nombre limité avait été prévu au budget. « C'était un autre exemple de l'impact énorme que notre préparation hâtive avait eu sur la production, constata Chris Carter. Nous aurions dû prendre des semaines, des mois, pour mettre ces prises de vues au point. Au lieu de ça, Rob a été parachuté dans ce décor, avec très peu de préparation. Et dès qu'il a commencé à tourner, on lui a dit qu'il ne pouvait pas pointer la caméra où il voulait. Mat avait fait des prévisualisations formidables pour cette séquence ; mais, tant que nous n'avions pas installé la caméra dans le décor, de façon concrète, nous ne pouvions pas réellement imaginer ce que verrait la caméra. »

Pendant tout le tournage des intérieurs du vaisseau spatial, il fallut s'en remettre à des décisions rapides et à des conceptions de prises de vues spontanées. « Finalement, nous avons beaucoup improvisé sur ce décor, reconnut Beck. Tout le monde faisait de son mieux. Rob improvisait des plans ; nous déployions des écrans verts aussi vite qu'on le pouvait. Nous avons dû résoudre les problèmes tellement vite que j'ai tourné avec ce film les plans en écran bleu ou vert les plus bâclés de toute ma carrière. Mais les types du digital avec lesquels je travaille m'avaient déjà sauvé la mise, et j'avais confiance : ils recommenceraient. Les prises de vues principales coûtent trop cher pour perdre du temps à chercher un positionnement parfait pour les effets spéciaux. Nous avons mis un point d'honneur à ne jamais faire attendre la première équipe sur une scène avec écran vert, en dépit du fait qu'on les installait au fur et à mesure des besoins. »

Pour les premiers jours dans les intérieurs du vaisseau, on avait prévu de tourner la descente de Mulder par l'orifice au sommet, jusqu'au couloir aux loges de cryogénie en bas, puis le sauvetage de Scully dans sa loge. On consacrerait aussi plusieurs jours de plateau

Ci-contre : On distingue nettement un enlevé sous l'épaisse couche de glace qui couvre la loge cryogénique.

les lèvres, les joues et les sourcils de la créature devaient tenir à l'intérieur du crâne, dans un espace de douze centimètres de large. « On avait également glissé dans la tête des récepteurs radio et des piles, se souvint Tom Woodruff. Toutes les articulations télécommandées étaient actionnées avec des joysticks par trois marionnettistes. » Moins sophistiquée, la tête d'attaque était mue par câble. « Elle comportait une mâchoire à double articulation ; et grâce au câble, nous pouvions laisser tomber la mâchoire, ce qui ouvrait la bouche plus largement que ne le faisait la tête héroïque. »

Woodruff, qui avait tenu un certain nombre de rôles de créature dans des films comme *Leviathan*, *Jumanji*, *Alien³* et *Alien, la résurrection*, endossa têtes et costumes. La tête de la créature, juchée sur le crâne de Woodruff, ajoutait dix centimètres au mètre quatre-vingt-dix de l'acteur, amenant l'extraterrestre à deux bons mètres de hauteur. « Ils voulaient une grande créature, puissante, un être capable de tailler en pièces deux hommes des cavernes, expliqua Woodruff. Si elle n'avait mesuré qu'un mètre vingt, comme le Petit Gris classique, aurait-elle pu vaincre ces deux types ? Ils ne voulaient pas d'un petit extraterrestre qui couinait en galopant partout. Ils voulaient une créature bien plus impressionnante. » L'intérieur de la tête autorisait juste l'introduction des mécanismes essentiels, sans aucune place pour une ouverture ou un petit moniteur vidéo qui aideraient Woodruff à voir. « Dans mes précédents rôles de créature, j'avais toujours pu voir par les têtes mécaniques. Mais, dans celle-ci, nous n'avions la place ni pour une ouverture, ni pour un écran vidéo, et j'étais pratiquement aveugle quand je la portais. » Privé de vision, Woodruff s'en remit à sa mémorisation du décor pour interpréter chaque scène, ainsi qu'au soutien et aux signaux de l'équipe située hors du champ de la caméra.

à mettre en boîte les premières scènes de l'éclosion de l'extraterrestre hors de l'hôte préservé par cryogénie, et de sa poursuite de Mulder et de Scully dans les entrailles du vaisseau. On avait déjà vu des extraterrestres dans des épisodes d'*Aux frontières du réel*, mais le public verrait cette créature précise pour la première fois dans le film. « On peut considérer cet extraterrestre comme un cousin des Petits Gris de la série télé, confirma Rob Bowman. Un peu comme les gorilles sont proches des êtres humains. Mais on n'avait encore jamais vu cet extraterrestre particulier dans la série. »

Fabriquées par ADI, les versions primitive et moderne de la créature avaient été conçues au fil d'une série de croquis et de maquettes en trois dimensions, avant de passer à la phase de fabrication. Chacune des deux versions nécessita deux têtes distinctes : une version héroïque, articulée, et une version de cascade, dotée d'une expression farouche, sourcils froncés, mâchoires largement ouvertes, réservée aux scènes d'attaque. Toutes les têtes étaient composées d'un squelette interne de soutien, recouvert d'une « peau » en mousse de latex. Sur les versions héroïques, tous les mécanismes télécommandés qui mouvaient les yeux,

Son rôle de créature exigeait aussi de Woodruff le port d'un
costume en mousse de latex couvrant le corps, fabriqué à partir
d'un moulage allégé de son corps, de façon à assurer qu'il serait
aussi serré et moulant que possible. On fixa la peau en mousse de
latex – conçue et peinte pour ressembler à une peau dure,
quasiment tannée – sur un collant de Lycra, afin de renforcer sa
robustesse et son maintien. « De tous les costumes que j'ai portés,
c'était le plus serré, avoua Woodruff. Il me fallait dix minutes, rien
que pour faire passer mes hanches, parce que nous lui avions fait la
taille très mince. Mais une fois enfilé, il était parfaitement plaqué
à mon corps, sans plis aux articulations. Il s'étirait comme une
combinaison de plongée, devenant une seconde peau, ce qui donnait
au corps de l'extraterrestre un aspect très naturel. Il était si
moulant qu'on distinguait clairement mes côtes à travers. »
L'emploi de talc facilita l'enfilage de ce costume/corset, scellé
par une fermeture Éclair dans le dos. Une fois le costume passé,
on fixait aux épaules un élément en forme de cagoule, qui masquait
la fermeture Éclair et servait de collerette pour la tête. Des pieds
indépendants, que Woodruff chaussait par-dessus les siens,
complétaient la transformation.

En plus des têtes et des combinaisons de la créature, on fabriqua
un jeu de mains mécaniques pour des plans d'insert des créatures,
primitives ou modernes, en train d'attaquer. « Elles n'étaient reliées à
rien, déclara Woodruff. Elles ne servaient que pour des gros plans des
mains au cours des attaques. Un manipulateur les commandait par
câble, pour mouvoir les doigts et déployer les griffes ; et un deuxième
manipulateur agitait une tige au coude et au poignet, pour donner du
mouvement à l'ensemble du bras. »

Une fois tous les éléments de la créature fabriqués, Woodruff et
Gillis firent des essais sur film pour chorégraphier les mouvements
de la créature. « J'avais opté pour une foule de mouvements très
vifs, comme ceux d'un oiseau, séparés par de souples gestes de
transition, entre chaque position, révéla Woodruff. J'ai essayé
de m'en tenir à ces deux types de mouvements – tantôt lents et
gracieux, tantôt rapides et saccadés – juste pour les rendre
intéressants. » Cette chorégraphie fut rejetée en
faveur d'une attitude beaucoup plus sobre,
quand Bowman et les producteurs
estimèrent que, plus l'interprétation serait
simple, plus l'extraterrestre paraîtrait

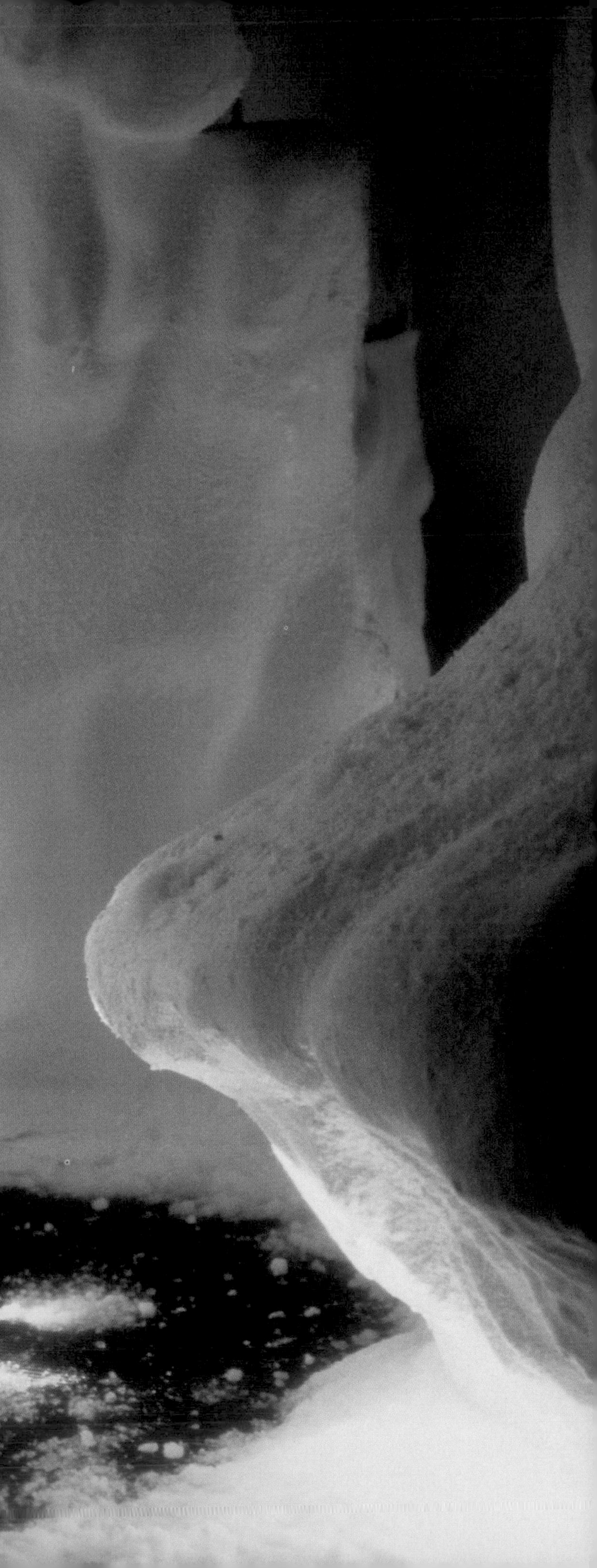

Ci-contre : Après que Mulder et Scully se sont
hissés hors du vaisseau, le champ de glace autour
d'eux commence à se briser en immenses plaques.
La séquence a été réalisée par une combinaison de
vues réelles, de vues en extérieur et de maquettes.

naturel à l'écran. « Chris Carter et Rob Bowman n'aimaient pas beaucoup mon interprétation stylisée, alors je l'ai complètement laissée tomber. Ils ne la trouvaient pas naturelle. Rob et moi avons fini par en plaisanter, en disant que la créature ressemblait à un danseur disco – une chose qu'il tenait à éviter, de toute évidence. C'était un corps humain déguisé de façon si transparente qu'il est apparu que, moins j'en faisais, mieux ça passait. L'opinion de Rob, c'était qu'en termes d'interprétation la sobriété payait davantage. »

Bowman employa aussi cette philosophie lorsqu'il s'agit de filmer la créature. « J'ai suivi l'exemple de mes prédécesseurs, déclara Bowman. Des films comme *Les dents de la mer*, les vieux films de monstres en noir et blanc, et même, en exagérant, les films expressionnistes allemands, ont tous laissé le public créer le monstre dans leur tête. J'ai également revu le premier *Alien*, en quête d'idées ; et je me suis aperçu qu'on distingue à peine l'*alien* dans ce film. On ne le voit que par passages furtifs. Je voulais faire pareil, présenter aux gens une silhouette de la créature en pointillés, et les laisser compléter l'image par eux-mêmes. Je disposais d'une créature totalement réalisée, des pieds à la tête ; mais je me suis assuré que le public n'aurait jamais l'occasion de bien la voir. » Maintenir cette approche minimaliste dans toutes les scènes avec

l'extraterrestre exigea à la fois discipline et imagination de la part de Bowman. « Le plus simple aurait été de filmer la bestiole plein écran. Mais chaque jour, j'arrivais avec l'intention de maintenir la tension. Les prises les plus difficiles étaient celles où il restait debout sans rien faire, sans action précipitée pour dissimuler le fait que c'était un acteur en costume. J'avais également peur, pendant tout le tournage, que les scènes de l'attaque par la créature ne finissent par sembler ridicules. Mais au final, ce n'est pas le cas, et de loin. En surveillant très attentivement la façon dont nous filmions la créature et dont nous avons tourné ces scènes, nous avons abouti à un extraterrestre d'enfer ! »

Les premières scènes de Woodruff en tenue étaient celles au cours desquelles la créature rampe le long d'un conduit de ventilation à la poursuite de Mulder et de Scully. Comme le costume serré rendait presque impossible toute escalade dans le tuyau, Woodruff était couché sur un chariot de caméra et se propulsait avec les mains à travers le décor. « De toute façon, les mouvements étaient censés être frénétiques, là-dedans, et le chariot m'a vraiment aidé à gagner de la vitesse », déclara Woodruff.

Si on tourna une partie des scènes avec la créature au cours de la seconde semaine dans le décor de l'intérieur du vaisseau, la

**VENDREDI 1er AOÛT :
TEN THIRTEEN PRODUCTIONS**

Installé dans les studios de la Twentieth Century Fox, le bungalow de Ten Thirteen Productions est petit et sans prétention, dépourvu de la splendeur de certaines autres maisons de production implantées ici. Des agrandissements de couvertures de magazines montrant les vedettes des *X-Files* et d'articles suscités par le succès de la série sont encadrés aux murs, ainsi que certains des prix qu'elle a remportés au fil des quatre ans écoulés. Toutefois, il y a tellement de récompenses que beaucoup n'ont pas trouvé une place d'honneur aux murs et restent proprement entassées dans les coins ou appuyées contre des placards.

Dans le bungalow, l'espace est principalement occupé par le bureau confortable et bien meublé de Chris Carter. Maintenant que la production du film est bien engagée, Carter partage ses journées entre les plateaux et ce bureau, où il consacre le plus clair de son temps à écrire les épisodes de la prochaine saison des *X-Files*, ou à réviser le scénario du film – un travail toujours d'actualité, alors même que la production entre dans sa deuxième moitié. « Je continue à réviser les scènes que nous n'avons pas encore tournées, explique Carter. Certains changements sont dus à la production, les problèmes de ce qu'on peut et de ce qu'on ne peut

pas faire en fonction du temps et du budget dont nous disposons. Les autres sont simplement la conséquence d'une perpétuelle remise en question, ce qui fait fonctionner l'histoire et ce qui peut l'améliorer. »

Quand il n'écrit pas, Carter remplit ses tâches de producteur du film et de producteur exécutif de la série télévisée. En termes de production, il a découvert que la différence entre les deux domaines était infime. « De toute façon, j'ai toujours considéré les épisodes des *X-Files* comme des mini-films, confie-t-il. Et nous tournons la série sur pellicule, c'est donc le même support. Les différences sont minimes. L'équipe du film est plus importante, mais de peu. Plus de trois cents personnes travaillent sur la série télé chaque jour, et l'équipe du film n'en compte pas tellement plus. Les exceptions se situent au niveau de l'atelier artistique et des effets spéciaux, deux secteurs plusieurs fois plus grands que ce que nous avons sur la série. La différence la plus significative en termes de production a été de travailler pour la taille de l'écran de cinéma, ce qui réclame plus de temps, d'argent, de détails et d'expertise. Nous avons dû en faire plus, et sur une plus grande échelle. »

Bien que le bungalow qui abrite le bureau de Carter soit le seul bâtiment portant la pancarte TEN THIRTEEN PRODUCTIONS – un nom qui évoque la date de naissance de Carter, un 13 octobre –, la compagnie s'étend en

réalité sur plusieurs bureaux et caravanes du voisinage. Parmi ces satellites, celui dévolu à Frank Spotnitz, coproducteur exécutif des *X-Files*, qui travaille actuellement en étroite collaboration avec l'écurie de scénaristes de la série sur les épisodes de la prochaine saison. En tant que coproducteur du film, Spotnitz suit sa progression de près ; mais avec le début imminent de la production de la série, celle-ci est devenue sa priorité numéro un. « J'ai été très impliqué sur le film pendant la préparation, explique-t-il. Mais maintenant que la production est lancée, on m'a chargé de faire avancer la série télé, pour que Chris puisse assister au tournage du film, ce qu'il a fait, tous les jours. »

À une heure, Carter et Spotnitz émergent tous les deux de leurs bureaux respectifs et se rendent à une petite salle de projection où ils visionneront les rushes. La salle – bondée de producteurs et de membres de l'équipe – n'a plus de place assise quand arrivent Carter et Spotnitz. Plusieurs personnes se lèvent pour leur céder leur place, mais les deux hommes refusent d'un signe et s'assoient par terre en tailleur.

À droite : Mulder ramène Scully à la vie après l'avoir libérée de la loge cryogénique.

majorité – en particulier les scènes de son éclosion de la loge
cryogénique – furent repoussées à une date ultérieure, suite à un
problème important en milieu de tournage sur le plateau 16 : les
loges de cryogénie mécaniques ne fonctionnaient pas comme prévu.
« Une série de story-boards indiquait exactement comment les
choses devaient se passer, se souvint Lata Ryan. D'abord, les griffes
des loges s'écartaient ; ensuite, les mains de la créature jaillissaient
à travers la glace ; puis, la glace fondue se mettait à couler. Mais
quand est venu le moment de tourner, les griffes mécaniques ne
se sont pas écartées, la glace factice ne s'est pas brisée comme il
fallait et l'eau n'a pas coulé. C'était un désastre. »

Dan Sackheim suggéra que l'éclosion se passerait mieux si on
employait un jeu de puissantes mains mécaniques, plutôt que les
gants en mousse de latex que portait Woodruff. « Dan craignait que
je n'arrive pas à rendre l'effet suffisamment explosif, avec juste ma
propre force dans des mains gantées, expliqua Woodruff. Il pensait
qu'un engin mécanique fonctionnerait de façon plus satisfaisante.
Fracasser la glace avec une grosse main métallique était peut-être
la réponse au problème. » Pour accéder à la demande de Sackheim,
des membres de l'équipe d'ADI se relayèrent vingt-quatre heures
sur vingt-quatre pour fabriquer les mains mécaniques dans les
délais pour la date prévue du nouveau tournage ; mais on n'utilisa
jamais les prothèses mécaniques. « Quand nous avons recommencé
l'effet, il est apparu très nettement que c'était la qualité de la glace
factice, et non la main, qui donnait ou pas du dynamisme à l'effet.
Et donc, après tous ces efforts pour les fabriquer, les mains n'ont
jamais servi. Mais les déceptions de ce genre sont monnaie
courante, dans ce métier. »

Les pièces défectueuses entraînèrent également un retard
important pour le tournage de la scène où Mulder libère Scully de
la loge cryogénique. « Tout le monde avait sous-estimé la difficulté
de simuler de la glace et de restituer l'effet quand on la casse, fit
remarquer le directeur de la production, David Womark. Nous
nous étions tous dit : "Oh, pas de problème, Mulder empoigne
simplement quelque chose et brise l'épaisse couche de glace sur la
loge cryogénique." Mais ça se révéla plus difficile à faire. Le simple
fait de casser la glace factice a posé problème, parce que, au
départ, c'était trop facile. Il devait y avoir une couche de soixante
centimètres de glace sur la loge cryogénique ; et ça ne faisait pas
très réaliste si Mulder la cassait trop aisément. À cause de notre
courte préparation, nous ne nous étions jamais demandé comment
nous casserions la glace, comment nous obtiendrions une substance
pré-cassée ressemblant de la glace, ou comment nous passerions

Ci-contre : Mulder sauve Scully.

Ci-dessous : L'intérieur des ruches en dôme a été filmé en studio à la Fox, où le Dr Norman Gary, dresseur d'abeilles, et son équipe ont lâché quelque trois cent mille abeilles durant trois jours de tournage. Les membres de l'équipe portaient des tenues spéciales de protection. **En bas :** Le producteur Dan Sackheim et David Duchovny.
Ci-contre : Mulder et Scully inspectent l'intérieur de la ruche en dôme.

du mannequin de Scully dans la loge cryogénique à la véritable Gillian qui en émergeait. Nous n'avions pas eu le temps de tester cette scène d'effets, qui se révéla très complexe. »

La production avait de gros problèmes. Avec moins de vingt jours avant le départ de Duchovny et d'Anderson pour Vancouver, il restait très peu de temps pour refaire les loges cryogéniques, et filmer le sauvetage de Scully par Mulder, et ses réactions devant l'éclosion de l'extraterrestre. Cherchant une solution qui ne retarderait pas la production, les cinéastes envisagèrent brièvement de tourner juste la réaction de Duchovny devant la créature, puis de filmer à part la séquence de l'éclosion, après le retour de l'acteur à Vancouver. L'inconvénient de ce plan était que le face-à-face entre Mulder et l'extraterrestre, ce clou du film vers lequel convergeait toute la tension de l'histoire – et, par certains côtés, des cinq saisons de la série –, serait assemblé après coup, sans qu'on ait pu filmer Duchovny et la créature ensemble dans le même plan.

De toute évidence, ce n'était pas la façon idéale de

mettre en scène le grand moment du film. « Nous voulions trouver un moyen pour que Rob puisse avoir les réactions de la créature et de Mulder face à face. » On mit sur pied une nouvelle stratégie : Paul Lombardi et son équipe reconstruiraient les loges cryogéniques pendant les deux semaines suivantes, de façon que Bowman puisse tenter un nouveau tournage de la scène avant le départ des acteurs. « Nous avons reconstruit une demi-douzaine de loges cryogéniques en deux semaines, déclara Lombardi. Elles étaient en plastique et fibre de verre sur des squelettes d'aluminium, complètement articulées, avec des béliers pneumatiques pour ouvrir les griffes en forme de nageoire. » Les substances pré-cassées furent installées en plusieurs endroits de la loge, selon le rôle assigné à la loge en question. « Chaque loge avait une finalité différente : une tête de créature devait sortir de l'une ; d'une autre, un bras ; tout un corps, d'une troisième. Nous avons employé des plastiques acryliques, moulés sous vide dans des formes variées, et nous avons mélangé tout cela au matériau pré-cassé, de façon à créer une substance d'un centimètre d'épaisseur qui ressemblait à de la glace. »

La catastrophe des loges cryogéniques avait entraîné un réaménagement du calendrier de tournage ; et, le lundi 11 août, deux jours avant la date prévue, l'équipe alla s'installer dans l'intérieur de la ruche en dôme, sur le plateau 6. Le décor

translucide, en forme d'ombrelle – un des deux qui avaient été filmés à Bakersfield –, était le cadre d'une scène où Mulder et Scully sont chassés du dôme par un essaim d'abeilles. Comme on avait avancé le tournage à l'intérieur de la ruche, il fallut accélérer les préparatifs. Parmi les précautions prises dès le départ avait figuré le dépistage des acteurs et de l'équipe pour une éventuelle allergie aux piqûres d'abeilles. Et si ni Duchovny ni Anderson n'eurent de résultat positif, on détecta l'allergie chez la doublure de Duchovny, qu'il fallut remplacer pour les cascades de cette unique scène.

Les trois cent mille abeilles lâchées sous le dôme pendant trois jours – une première équipe, puis une seconde – étaient sous la surveillance du Dr Norman Gary, entomologiste, qui arriva le vendredi précédent pour vérifier les conditions sous le décor gonflé. Pendant le week-end, les abeilles attendirent dans quatre ruches, sur une zone de fret juste au-dehors du dôme, et on les transporta sur le plateau dans de petites cages grillagées quand vint l'heure de tourner, le lundi. « Quand on avait besoin d'elles pour le tournage, nous les faisions tomber sur un plateau en plastique, par une ouverture de leur cage, expliqua Gary. Ensuite, je courais à travers le dôme en tenant le plateau, prenant les abeilles avec une petite spatule, selon les besoins. Parfois, j'employais la spatule délicatement pour déposer tout doucement les abeilles sur les acteurs, et leur appliquer une bonne couche d'insectes. Quand nous avions besoin qu'elles volent, je les ramassais rapidement, je les jetais en l'air et elles s'envolaient automatiquement. Nous avons eu jusqu'à vingt mille abeilles qui tournaient autour de Mulder et de Scully pendant qu'ils traversaient l'essaim en courant. » Pour

Ci-dessous : Un moment d'émotion entre Mulder et Scully dans le couloir devant chez Mulder, quand Scully vient lui dire qu'elle démissionne du FBI.
Page de droite : On retouche le maquillage de Gillian Anderson.

donner l'impression d'une couche encore plus épaisse sur les personnages, on ramassa les abeilles mortes en fin de journée, qu'on colla sur le costume des acteurs. (Après avoir passé la journée à la tâche peu ragoûtante de coller des cadavres d'abeilles sur des vêtements, l'équipe des costumiers regagna la caravane de la garde-robe pour découvrir des milliers de fourmis en train de dévorer les insectes morts.)

Quand le premier jour, consacré aux acteurs principaux, fut terminé, on passa les deux jours suivants à filmer en plans plus larges les cascadeurs courant à travers l'essaim. « Quand ils atteignaient la porte du dôme, les gens des effets spéciaux les débarrassaient des abeilles avec un gros ventilateur, se souvint Gary. Je leur avais dit qu'une abeille peut résister à un vent de quatre-vingt-dix kilomètres/heure ; et franchement, je ne les croyais pas capables de souffler les abeilles avec un ventilateur. Mais ils ont installé un très bon système et tout a marché à la perfection. » L'équipe des effets spéciaux fournit également des robots télécommandés d'un mètre cinquante sur un mètre cinquante, pour des prises d'inserts montrant les abeilles en train de s'infiltrer dans le dôme par des rangées de persiennes.

Bien que la plupart des membres de l'équipe, les cascadeurs et les acteurs aient travaillé sans vêtements protecteurs durant les trois jours de tournage, très peu de gens furent piqués. « Ni les acteurs, ni les cascadeurs n'ont été piqués, bien qu'ils soient couverts d'abeilles, confirma David Womark. Nous avons employé sur eux un produit appelé Off et je crois que ça a aidé. » Le plus gravement atteint pendant ce tournage par les abeilles fut Dan Sackheim, qui avait refusé toute protection par solidarité avec les acteurs, et fut piqué, non pas une, mais plusieurs fois, et vit son oreille enfler de façon notable.

MARDI 12 AOÛT : L'APPARTEMENT DE MULDER

Après le cauchemar logistique des tournages en extérieur, des intérieur complexes de vaisseaux spatiaux et autres essaims d'abeilles, l'équipe savoure le bonheur d'un répit sur le plateau 11, où l'on tourne une scène dans l'appartement de Mulder. Dépourvue d'effets spéciaux, de grands mouvements de caméra, d'éclairages techniques ou de plans d'effets visuels, cette scène intime est filmée par une équipe réduite. Sur le plateau, règnent calme et silence. Personne ne parle fort. Les gens marchent, et ne courent pas. David Duchovny est assis sur une chaise, juste en dehors des plans qui délimitent les murs de l'appartement du personnage qu'il joue, en train de lire un magazine spécialisé de l'industrie du film.

« Aujourd'hui, nous tournons la scène où Scully vient chez Mulder lui annoncer qu'elle démissionne, explique le premier assistant réalisateur, Josh McLaglen. On a presque une impression de léthargie sur le plateau. Tout le monde est un peu fatigué, un peu passif, simplement parce que c'est une journée beaucoup plus facile – une petite scène dans un décor tout simple, en studio. Ça fait maintenant un bon moment que nous travaillons six jours par semaine, et la fatigue commence à se faire sentir. Nous sommes tous épuisés. Mais on touche au but. À la fin de cette semaine, nous aurons bouclé cinquante jours sur soixante-douze. »

Même en ce jour plus détendu, la radio de McLaglen grésille souvent de questions posées par les membres de l'équipe, occupés sur d'autres plateaux. Mais, comme tous les premiers assistants réalisateurs – les techniciens logistiques des tournages –, McLaglen a l'habitude de travailler sous la pression. Et malgré tous ses problèmes, le film des X-Files a été plus simple que d'autres. « Avant ce film, explique McLaglen, j'étais sur Titanic, qui a vraiment été un tournage long et épuisant. Par certains côtés, ce film a été une bonne détente. Nous travaillons en studio ; c'est un tournage bref, soixante-douze jours ; et tout le monde est sympathique. » Sa radio annonce en crachotant qu'on a immédiatement besoin de lui sur le plateau 15, où les équipes de construction et de câblage mettent en place le décor de l'intérieur du vaisseau spatial pour un début de tournage jeudi. McLaglen quitte la sérénité relative du plateau 11 pour affronter un nouveau problème.

Tandis qu'on règle les éclairages autour du décor de trois mètres sur cinq de l'appartement, Duchovny lance un ballon à un proche membre de l'équipe. Leur partie impromptue s'arrête quand l'éclairage est jugé satisfaisant ; et Duchovny prend place à un petit bureau, où, jouant Fox Mulder, il tourne les pages d'un album de photos de famille, à la recherche d'un cliché du Dr Kurtzweil jeune. Ses réflexions sont interrompues par l'arrivée de Scully, venue lui dire qu'elle a décidé de quitter le FBI. La scène est jouée de façon si intime, à voix si basse, qu'on n'entend pas le dialogue des acteurs, même à trois mètres de là, où Rob Bowman, Chris Carter et Dan Sackheim suivent la scène sur un moniteur et écoutent les paroles avec des écouteurs.

Au bout de dix prises, Duchovny rejoint les cinéastes devant le moniteur et donne son opinion, tandis que les prises défilent l'une après l'autre. Il aime particulièrement la prise 8, et demande qu'on la tire. Pendant que la lecture continue, les cinéastes tombent sur un moment où Mulder dit : « Cette fois-ci, nous approchons de quelque chose, Scully. » Duchovny s'exclame : « Ça, c'est un moment pour la bande-annonce. "Cette fois-ci, nous approchons de quelque chose, Scully"... et on montre le vaisseau spatial. » Carter sourit et acquiesce d'un hochement de tête.

D'entrée, la perspective d'un tournage avec des abeilles avait été peu séduisante, et l'équipe appréhendait de tourner en espace clos avec trois cent mille abeilles. « Les gens ont une peur irrationnelle des abeilles, constata Gary. Ils s'y croient allergiques, alors que ce n'est pas le cas. Sur tous les plateaux de cinéma, je dois calmer les gens et leur assurer que tourner avec des abeilles ne présente aucun danger. C'est curieux, des personnes qui se sentiraient à l'aise en compagnie d'une quinzaine de tigres s'affolent dès que j'entre avec trois cent mille abeilles. »

On avait aussi redouté ce tournage avec les abeilles à cause de l'opinion générale des responsables : cela ne marcherait pas. « Nous sommes allés voir le tournage en pensant que ce serait un désastre, reconnut Mat Beck (qui s'attendait tout à fait à devoir créer des abeilles par ordinateur pour la scène du dôme). Nous avions peur que les abeilles ne montent vers la lumière. Nous pensions que nous aurions des problèmes pour les faire voler en essaim. Nous nous sommes dit : "On tente le coup, mais ça ne marchera probablement pas." Et on se trompait complètement. Le Dr Gary et ses abeilles ont été formidables. Les types de Blue Sky/VIFX ont quand même

En face : David Duchovny attend la mise en place d'une prise sur le décor de l'extérieur du vaisseau spatial, construit sur le plateau 15 de la Fox. **En haut :** Mulder et Scully gagnent une sécurité temporaire par un trou dans la glace. **En bas :** Sur le plateau, on avait construit le champ de glace sur une plate-forme couverte de neige et de glace véritables. Des jets de vapeur étaient déclenchés par-dessous par l'équipe des effets spéciaux de Paul Lombardi.

dû créer à l'ordinateur d'énormes essaims d'abeilles de toutes tailles, mais les vraies étaient déjà impressionnantes. »

Tandis que la deuxième équipe terminait les intérieurs de la scène avec les abeilles, Bowman et la première équipe tournaient dans l'appartement de Mulder et aux alentours. Sur le plateau 11 – qui accueillait également la cantine de l'équipe –, on construisit le petit appartement et le couloir qui y menait à l'identique du décor présenté dans la série télévisée. « Nous avons conservé le plan général et l'ambiance de l'appartement, expliqua Chris Nowak. Mais nous avons essayé de le tirer vers le cinéma en le faisant un peu plus grand et un peu plus détaillé. Nous avons dû procéder à certaines modifications pour le grand écran, sans compromettre l'aspect déjà établi des lieux. » On y tourna la scène où Scully se rend chez Mulder pour lui annoncer qu'elle démissionne du FBI ; et dehors, dans le couloir, on immortalisa sur la pellicule une importante séquence de premier baiser, presque échangé entre Mulder et Scully.

Le jeudi 14 août, les prises de vues principales commencèrent sur le plateau 15, dans un décor baptisé « extérieur du vaisseau spatial ». Mais, construit sur une longue plate-forme et couvert d'une couche de glace broyée, l'extérieur du vaisseau spatial ressemblait surtout à une nappe de neige, entourée d'écrans verts et de gigantesques agrandissements des photos prises sur le glacier au nord de Vancouver. « Pour l'extérieur du vaisseau spatial, expliqua Chris Nowak, nous devions être raccord avec le glacier filmé en début de production. Nous n'avions pas le temps de revenir là-bas avec les acteurs : leur emploi du temps était trop chargé. Nous avons donc dû créer une calotte glaciaire en studio. Un immense champ de glace à ciel ouvert, qui ressemblait à ce qu'on avait filmé, et qui donnait l'impression d'être placé dehors et de jour. » Une couche de neige factice suffit pour les arrière-plans du décor ; mais pour les zones plus proches de l'action, on créa à la machine de la vraie

En haut, à gauche : On installa un écran vert en bout de décor extérieur du vaisseau spatial, pour pouvoir insérer des vues du véritable glacier sur les plans larges. **Au centre, à gauche :** On dressa un échafaudage spécial pour montrer Mulder et Scully s'élevant sur une section du vaisseau spatial. **En bas, à gauche :** Duchovny et Anderson passèrent plusieurs jours à traverser en courant le décor glacé, giflés par des panaches de vapeur et de glace émis par des tuyaux placés hors champ.

glace broyée, qu'on projetait sur la plate-forme entre les prises.
« Nous avons créé une piste de glace broyée de trente mètres sur
huit épaisse de dix centimètres, épandue sur une plate-forme haute
de deux mètres cinquante. »

Les concasseuses, tournant en permanence pour produire les
couches fraîches de glace, rejetaient des fumées nauséabondes. En
fait, comme les acteurs et l'équipe s'étaient plaints de migraines le
premier jour de tournage, Todd Adelman, le médecin attaché à la
production – craignant que le plateau ne soit insuffisamment ventilé –,
apporta le lendemain un détecteur de monoxyde de carbone et
découvrit que la concentration de CO en début de journée était
de cent quatre-vingt-huit parties par million. « Le seuil de toxicité
mortelle est à deux cents, commenta-t-il. Nous avons immédiatement
révisé le système de ventilation ; et par la suite, nous avons surveillé
de près le niveau de monoxyde de carbone. Il n'a jamais dépassé
quarante parties par million. »

La simplicité visuelle du décor était trompeuse, car c'était
une des mises en place les plus complexes de tout le tournage, qui
exigeait un collecteur et un système de pompage pour évacuer l'eau
coulant en dessous de la plate-forme au fur et à mesure que la glace
fondait, ainsi que des générateurs de vapeur pour simuler des
geysers de glace et de neige quand le vaisseau enfoui commence
à s'élever – le tout installé par l'équipe de Paul Lombardi.
« L'ensemble du décor a été construit sur une plate-forme pour
pouvoir passer dessous avec des générateurs de vapeur et des
pompes à air et simuler ces geysers en surface », expliqua
Lombardi.

Le décor provoqua également un conflit entre les buts du
directeur artistique de production et ceux du directeur de la photo –
deux chefs d'atelier qui d'ordinaire travaillent en étroite collaboration
au long de la production. Chris Nowak voulait une plate-forme
réfrigérée pour préserver le décor de glace naturelle et l'empêcher
de fondre trop vite. Mais Ward Russell, qui avait besoin
de simuler un soleil vif pour être raccord avec les prises de vues déjà
tournées sur le glacier, allait écraser le décor sous des projecteurs
dégageant une terrible chaleur. « Ça m'a posé un énorme problème,
dit Russell. En gros, je devais recréer une lumière naturelle sur un
plateau long de cinquante mètres. Il fallait beaucoup de projos pour
y parvenir. » Le problème fut finalement résolu par une compagnie
de conditionnement d'air, qui calcula le réchauffement induit par les
projecteurs, et de combien il faudrait réfrigérer pour compenser la
chaleur des éclairages et maintenir le plateau à bonne température.
Avec de multiples unités réfrigérantes déversant de l'air froid sur le
plateau, la température – malgré la batterie de projecteurs allumés –
se stabilisa entre sept et dix degrés.

Ci-dessous : Mulder soutient Scully tandis qu'ils tentent de distancer le vaisseau en train d'émerger. **En bas, à droite :** Rob Bowman et Gillian Anderson sur le plateau, tandis qu'on prépare les scènes à l'intérieur du vaisseau extraterrestre.

Le matin du premier jour de tournage, le plateau était flanqué par un énorme translight (un gigantesque cliché agrandi du site du glacier) qui devait servir de décor pour les prises, afin que les responsables des effets visuels ne soient pas obligés d'insérer un décor sur les plans en direct. Mais au bout de quelques heures, on remplaça le translight par un immense écran vert et l'on ajouta de nouveaux composites de décor à la liste des tâches des effets visuels. Le producteur des effets visuels, Kurt Williams – qui se doutait, comme Mat Beck, que le translight ne suffirait pas –, avait préparé l'écran vert, et il en supervisa l'accrochage au plafond du plateau en un temps record. « Il fallait tenter le translight, parce que, si on avait pu laisser ce décor sur les prises, la production aurait économisé beaucoup de temps et d'argent, commenta Beck. Mais la situation était aux limites des capacités d'un translight. Ils fonctionnent surtout comme décors lointains dans des scènes de nuit, de préférence au travers d'une fenêtre, et quand le centre d'intérêt de l'action est ailleurs. Dans le cas présent, le translight devait se fondre parfaitement dans un décor de jour, et en plus, il dominait le plan. Tout le monde a vite compris qu'il fallait un écran vert, pour insérer de véritables décors par la suite – et le décompte d'effets spéciaux a grimpé dès que l'écran vert est apparu. »

Les scènes tournées sur l'extérieur du vaisseau spatial consistaient principalement en une course de Mulder et de Scully sur la plate-forme, esquivant les jets de vapeur qui montaient lorsque l'équipe des effets spéciaux actionnait les pompes à air placées sous la plate-forme. Dans d'autres plans, Scully était étendue dans la neige tandis que Mulder regardait le vaisseau spatial s'élever devant lui. Après plusieurs prises, le contact prolongé de la glace fit perdre toute sensibilité au visage de Gillian Anderson.

Quand la première équipe quitta le plateau, la semaine suivante, Mat Beck resta un jour de plus pour tourner, avec des grues, de nouveaux plans en hauteur des doublures des acteurs traversant le champ de glace – des plans qui seraient combinés avec des vues d'effets spéciaux, montrant le glacier qui implose, tandis que l'émersion du vaisseau spatial fracasse la couche de glace.

VENDREDI 22 AOÛT : LA BULLE DE GLACE

Pour le tournage des scènes avec les loges cryogéniques et la créature, qui se poursuivra au cours des semaines à venir, la production s'est installée sur le plateau 16, où le décor intérieur du vaisseau spatial est toujours en place. Mais on a attribué un coin de plateau au décor de la « bulle de glace », mis en place pour des plans sur l'entrée de Mulder dans les systèmes de ventilation du vaisseau, ainsi que sur sa sortie ultérieure avec Scully. « Ce que nous filmons aujourd'hui, c'est l'entrée de Mulder depuis la surface, explique Ward Russell. À travers la glace, il tombe dans une caverne, traversant plusieurs couches avant de heurter le fond. Ce que nous tournons pour l'instant, c'est une contre-plongée, orientée vers le trou, depuis l'intérieur de la bulle. Mulder constate que c'est trop haut, qu'il ne peut pas remonter et ressortir. Alors, il descend par un trou d'aération ; et il s'aperçoit rapidement que c'est un conduit de vapeur qui mène droit dans les entrailles du vaisseau spatial. »

Tandis qu'on installe l'éclairage, Rob Bowman est assis dans son fauteuil de metteur en scène, visiblement en proie à un méchant rhume. De petites gouttes de sueur perlent sur son front et son nez, et il est brûlant de fièvre. La délicatesse n'est plus de mise, et il empoigne

Ci-contre : Le clou du film se passe dans les immenses entrailles d'un vaisseau spatial enfoui sous la glace en Antarctique. Avec des informations et un antidote fournis par l'Homme bien manucuré, Mulder part à la recherche de sa collègue contaminée, maintenue en vie dans une loge cryogénique, parmi des milliers employées pour contrôler la gestation du virus extraterrestre.

un immense chiffon, un mouchoir géant dans lequel il essuie son nez qui coule.

Il n'a pas choisi le meilleur jour pour être malade. Ce matin, Bowman doit assurer de nombreuses prises dans la bulle de glace, tandis que l'après-midi sera consacré à tenter – pour la deuxième fois – de filmer le sauvetage de Scully par Mulder dans la loge cryogénique. C'est la prise qui a si mal tourné, la première fois, il y a quinze jours. Le temps disponible arrive à expiration : Duchovny et Anderson partent pour Vancouver dans seulement trois jours. En dépit de la pression et de son rhume de cerveau, Bowman est toujours d'aussi bonne humeur. « J'ai l'impression d'être drogué, plaisante-t-il. La fièvre aiguise tous mes sens. »

Tandis que Bowman abat sa part de prises dans la bulle de glace, Paul Lombardi et son équipe travaillent avec ardeur sur les loges cryogéniques, à l'autre bout du plateau. « On nous a confié le problème il y a environ deux semaines, déclare Lombardi en peignant une couche d'acrylique transparent sur le devant d'une loge. Elles doivent être prêtes cet après-midi. » Passant rapidement à la loge voisine, Lombardi écarte les cheveux argentés qui lui tombent dans les yeux. « Le film a représenté beaucoup de travail pour nous. J'ai dit au départ que ce serait un *outsider* : on croit d'abord qu'il n'y aura pas grand-chose à faire et, en fin de compte, on ne sait plus où donner de la tête. C'est exactement ce qui est arrivé. »

Deux heures de l'après-midi approchent. Gillian Anderson est sur le plateau depuis dix heures, mais elle n'a pas encore tourné. Elle a passé la journée à recevoir la visite de sa famille, à les escorter en minicar de golf sur les plateaux et dans les bureaux de Ten Thirteen Productions, où Chris Carter et d'autres membres de l'équipe les accueillent avec chaleur. La fille d'Anderson, Piper, deux ans, semble particulièrement ravie de voir « tonton Chris » – bien qu'on ne sache pas vraiment si

c'est la compagnie du producteur qu'elle apprécie, ou la cuisine à côté de son bureau, garnie de bocaux de confiseries.

Plus tard, Anderson fait visiter le plateau 16 à sa famille, indiquant une Scully remarquablement réaliste amenée au studio par KNB, pour tourner le sauvetage de Scully et sa sortie de la loge. Tandis que Piper considère le mannequin d'un air soupçonneux, Anderson lui dit en souriant : « C'est maman. Elle a l'air drôle, maman, hein ? » Piper hoche la tête, en signe d'approbation.

Trois heures. Anderson a dit au revoir à sa famille, et Piper fait la sieste dans la caravane de l'actrice. On n'a pas encore appelé Anderson pour tourner. « Il y a toujours de longs passages à vide dans la journée, surtout à cause de complications techniques, remarque Anderson. Mais ça me donne l'occasion de me détendre, de passer du temps avec ma fille, de faire autre chose. L'un dans l'autre, ça n'a pas été un tournage tellement épuisant pour moi. En partie parce que j'ai eu plus de temps libre que David. Et bien que l'emploi du temps ait été écrasant, David et moi sommes très protégés de la tension du tournage. C'est beaucoup plus dur pour Dan, Chris, Lata et Rob. Ils subissent cent fois plus de tension que nous. »

À trois jours de la fin du tournage, Anderson commence à mettre en perspective ce qu'elle a vécu : « Il y a eu des jours vraiment amusants, mais l'ambiance sur le tournage a été plutôt sérieuse, surtout à cause de la pression à laquelle sont soumis les producteurs. Sur la série, nous savons qu'on peut accomplir le travail demandé et faire les clowns pour détendre l'atmosphère. Mais sur le film, nous n'avions pas l'assurance de pouvoir nous le permettre. Maintenant que tout est presque terminé, nous commençons seulement à nous en rendre compte. »

À quelques jours seulement du départ de David Duchovny et de Gillian Anderson, la première équipe de tournage se concentra sur des plans de Mulder et de Scully en train de quitter le vaisseau spatial pour émerger sur la plaine gelée, ainsi que sur l'entrée initiale de Mulder dans le système de ventilation du vaisseau, à partir d'un orifice dans la couche de glace. Entrée et sortie furent tournées sur le plateau de la « bulle de glace », un décor relativement modeste représentant le trou dans la glace et les premiers mètres du conduit de ventilation, construit dans un coin du plateau 16. Pendant que Duchovny et Anderson émergeaient de la conduite sur la plaine de glace, des membres de l'équipe jetaient des boules de neige près de leur tête, pour simuler le chaos agitant la surface gelée. À intervalles réguliers, on leur lança également des seaux d'eau, pour que les personnages paraissent aussi transis et trempés qu'ils le devraient.

Pendant les derniers jours de tournage des acteurs, on captura aussi sur pellicule les éléments réels du sauvetage de Scully hors de la loge cryogénique – des plans se situant après la scène pas encore tournée où Mulder brise enfin la gangue de glace de la loge – et, notamment, la

scène où Mulder retire de la bouche de Scully le tube de survie. « Un long cordon en caoutchouc était attaché à l'embouchure du tube, expliqua Gillian Anderson, et ils voulaient donner l'impression que ce cordon m'était sorti du ventre par la gorge, quand Mulder retire l'embouchure. Alors, j'ai enroulé le cordon autour de ma langue ; et quand David a tiré sur le tube, j'ai fait glisser le cordon entre mes dents pour contrôler la vitesse à laquelle il sortait de ma bouche. Je crois que c'était convaincant, et ça valait mieux que de les laisser m'enfoncer le cordon dans la gorge. »

L'entrée de Mulder dans la bulle de glace fut filmée pendant la matinée du vendredi 22 août ; tandis que l'après-midi était consacré aux nouveaux essais de tournage des loges cryogéniques, tant pour le sauvetage de Scully que pour l'émersion de l'extraterrestre. Tout au long de la matinée, l'équipe d'effets spéciaux de Paul Lombardi avait travaillé à un rythme rapide et soutenu, mettant la touche finale aux loges repensées et les préparant pour le tournage de

Double page : Dessin de concept du vaisseau extraterrestre se dégageant de la glace.

l'après-midi. Mais, même avec ces modules améliorés à sa disposition, l'équipe de tournage continua à rencontrer des problèmes majeurs pour tourner les séquences avec les loges, principalement parce qu'il restait extrêmement difficile de simuler les propriétés de la glace. « Personne n'avait jamais fait ça, expliqua le directeur artistique, Marc Fisichella. Si bien que personne ne pouvait aborder le problème avec l'avantage de l'expérience. Nous avons même envisagé d'employer de la vraie glace, mais ç'aurait été trop difficile. Nous aurions eu besoin d'une énorme quantité de glace dans des configurations très précises. Et nous aurions été obligés de tourner dans un environnement très froid, pour que la glace ne fonde pas ; et par-dessus tout ça, il aurait fallu s'arranger pour qu'elle fonde exactement au moment voulu. Impossible. »

Finalement, on imita la glace avec des matériaux variés : des résines, des acryliques transparents, du latex, de la fibre de verre et – à dose homéopathique – de la vraie glace. « Aucun matériau n'aurait pu satisfaire seul aux exigences de la scène. Certains se cassaient très bien, mais n'étaient pas assez transparents. D'autres étaient transparents et ressemblaient à de la glace, mais ne se cassaient pas bien. D'autres se cassaient, mais pas comme le fait la glace. Jusqu'au tout dernier moment, nous cherchions encore la substance idéale pour imiter la glace – en supposant qu'elle existe. »

Dans le montage final de la scène, le sauvetage de Scully de sa loge cryogénique commence avec Mulder qui brise une couche de vraie glace avec une bonbonne d'oxygène trouvée dans un couloir du vaisseau spatial. « Ensuite, on enchaîne sur Mulder en train de casser un matériau préalablement cassé à l'extérieur de la loge. L'eau et la neige fondue se mettent à couler, raconta David Womark. Après, une fois qu'il a franchi la barrière de glace, nous passons à Gillian, debout dans la loge, entourée par un mélange de vraie et de fausse neige fondue. »

On tenta à nouveau de filmer les créatures en train d'émerger des loges, déléguant la plupart des prises à la deuxième équipe, qui travailla sur cette série de prises

délicates et complexes pendant les toutes dernières semaines de
production, et au-delà. Comme le sauvetage de Scully, la séquence
de l'éclosion finit par être évoquée par un montage savant. « Dans
nos essais, se souvint Woodruff, nous montrions tout le corps de
l'extraterrestre en train d'émerger de la loge. Mais quand est arrivé
le moment de filmer la séquence, Rob, Dan et Chris ont décidé qu'ils
voulaient préserver un peu du mystère de la créature. L'éclosion de la
loge fut donc filmée principalement avec des plans isolés sur les mains
de la créature en train de se dégager. On a renforcé par endroits
la couche de glace sur la loge de cryogénie, de façon que la tête
n'apparaisse pas tout de suite, juste ses poings. Et finalement, la
créature donne un coup de boule dans la glace – une scène tournée
avec une version pré-cassée de la loge – et la tête passe au travers. »

Bowman étant monopolisé par le travail avec la première équipe,
Dan Sackheim eut un rôle crucial pour superviser le tournage de la
deuxième équipe sur les loges cryogéniques, sous la direction d'Alexander
Witt. « Dan a joué un très grand rôle dans la réussite du travail de la
deuxième équipe sur l'intérieur du vaisseau spatial, commenta Bowman.
Il connaissait parfaitement les story-boards ; et, à ce moment-là, il
commençait à savoir ce que j'aimais et ce que je voulais. Tous les
directeurs de seconde équipe – pas seulement Alexander, mais aussi
Billy Burton, qui a tourné quelques plans dans le champ de maïs, et Brian
Spizer, qui a fait des prises à l'intérieur et à l'extérieur du vaisseau spatial
– ont été excellents. Mais je dois saluer Danny, parce qu'il était là et qu'il
s'est dévoué corps et âme sur l'intérieur du vaisseau. »

Le lundi 25 août marqua pour David Duchovny et Gillian Anderson
la fin des prises de vues principales. Grâce à une longue journée de

Ci-dessus : Illustrations de Mulder fouillant la coursive du vaisseau spatial et libérant
Scully de sa loge cryogénique. **Ci-contre :** La scène de libération fut la plus difficile et
la plus longue du film à tourner.

seize heures, Rob Bowman, les acteurs et l'équipe achevèrent les
derniers plans avec les acteurs à l'intérieur du vaisseau spatial : ceux
dans lesquels Mulder place le corps comateux de Scully à l'intérieur
d'un tube et grimpe à l'abri, tandis que l'extraterrestre émerge de sa
loge cryogénique. « J'ai eu quatre jours entre la fin du tournage du film
et le début du tournage de la série, se souvint David Duchovny. Mais je
n'ai pas à me plaindre. Nous savions tous à quoi nous nous engagions
en démarrant le film. Ce fut difficile, mais nous nous y attendions.
Le pire, ce fut de travailler des semaines de six jours. Ce fut très dur,
parce qu'on n'a plus l'impression d'avoir de repos. Je ne veux plus
jamais refaire des semaines de six jours. » Une poignée de plans
et de scènes – ainsi, la scène cruciale entre Mulder et l'Homme à la
cigarette, à la fin du film – n'étaient pas encore tournés et seraient
filmés au cours des mois à venir, en fonction
de l'emploi du temps des acteurs concernés.

Avec le départ d'Anderson et de
Duchovny, la phase la plus pressante de la
production était achevée, mais le soulagement
fut de courte durée. « Si j'ai eu l'impression
que la pression s'allégeait, ça a dû durer une
minute, se rappela Rob Bowman. Parce que,
arrivés à ce stade, nous sommes passés
immédiatement à quelques séquences très
difficiles que nous avions repoussées en fin
de tournage. Nous avons mis Gillian et David
dans l'avion en leur souhaitant bonne chance
et nous avons reporté notre attention sur la
montagne de travail qui restait à faire. »

La plus grosse partie de cette
montagne de travail se trouvait sur le
plateau 14, où les ateliers artistiques et les
charpentiers avaient créé un vaste décor de
caverne. « L'aspect de la caverne est passé
par six ou sept incarnations, se souvint Dan
Sackheim. Certaines venaient de motifs
conceptuels, mais la plupart tenaient à nos
tentatives de construire le décor dans les
limites du budget. Chris Nowak devait
reconfigurer sans cesse parce qu'on n'avait
ni le temps ni l'argent pour la construire
selon les plans initiaux. »

Ces plans initiaux avaient prévu trois
décors séparés : la caverne de glace
apparaissant en ouverture de film ; une
caverne contemporaine, pour la chute et

le sauvetage de Stevie ; et une autre pour la caverne de glace du
Dr Bronschweig, équipée de matériel de surveillance high-tech, de
passerelles, de lumières et de cellules d'isolation. Mais devant les
limitations de budget, Nowak – comme il l'avait fait pour l'intérieur du
vaisseau spatial – imagina un décor unique qui servirait pour les trois
cavernes. « C'était un casse-tête logistique intéressant, estima Nowak.
Trouver comment réaliser tous ces changements dans les délais
impartis. Nous avons travaillé avec Josh McLaglen, le premier assistant
réalisateur, pour déterminer l'ordre idéal de tournage, de façon à

Ci-contre : Après avoir découvert Scully dans une des loges cryogéniques du vaisseau
spatial, Mulder fracasse l'épaisse gangue de glace et injecte l'antidote qui doit lui
sauver la vie. **Ci-dessous** : Ce plan de Scully, bouche grande ouverte, n'apparaît pas
dans le film. On l'a uniquement tourné pour fournir à l'équipe des effets spéciaux
une image de base sur laquelle travailler à la mise au point du tube de glace.

commencer par la version la plus compliquée de la caverne, pour aller vers des versions de plus en plus simples, parce qu'il est toujours plus facile de retirer des choses que d'en ajouter. » Le calendrier mis au point demandait de commencer à tourner dans la caverne de glace primitive – la version la plus complexe du décor – puis de passer à la grotte de Stevie et, enfin, au laboratoire d'expérimentation du Dr Bronschweig.

Construit par Billy Iiams et son équipe, le décor de la caverne avait une armature de bois, recouverte de grillage et de plâtre sculpté pour avoir une texture rocailleuse, et était peint aux couleurs des extérieurs de California City, qui avaient servi pour l'entrée de la caverne. Afin de transmuter la caverne du désert en une version glacée et primitive, on amena par avion sur le décor des murailles en fibres de verre sculptées, traitées de façon à ressembler à de la glace. Autour de la zone de tournage, on répandit également de la glace concassée – fabriquée hors du plateau et amenée sur place en brouette par les membres de l'équipe. Comme sur le décor extérieur du vaisseau spatial, on réfrigéra la caverne de glace pour empêcher la neige de fondre trop vite sous les projecteurs. L'atmosphère sombre et pesante des scènes tournées dans la caverne de glace exigeait de toute façon beaucoup moins de lumière et donc beaucoup moins de dispositifs lumineux dégageant de la chaleur. Ainsi, le plateau réfrigéré demeura cinq à dix degrés en dessous des températures sur l'extérieur du vaisseau spatial, entre moins deux et zéro degrés.

Parmi les scènes enregistrées au cours de ce tournage d'une semaine dans la caverne de glace, il y eut la traque de l'extraterrestre par les primitifs, et l'attaque qui se termine par la mort de la créature. Avec de nombreuses apparitions de la créature, le travail ne manqua pas à Tom Woodruff, vêtu de son costume en mousse de latex, enduit de gelée pour le parer d'un brillant plus photogénique. « Nous avions prévu de laisser l'extraterrestre primitif sec, parce que nous pensions que ça le ferait paraître plus vieux, expliqua Woodruff. Mais nous avons découvert que ça ne marchait pas aussi bien, sans gelée. Une fois le costume englué de méthocel – le gel que nous employons en général –, les couleurs sont devenues beaucoup plus vives et plus réalistes. La peau de la créature ne ressemblait plus à du caoutchouc. »

Aveugle sous sa tête de créature, Woodruff éprouva de grosses difficultés à exécuter les scènes d'action complexes et énergiques dans le décor glissant et glacé de la caverne. Après plusieurs heures de travail sans le secours de sa vision, Woodruff finit par retirer un des yeux noirs de la créature, pratiquant une fenêtre par laquelle il pourrait voir. « Nous tournions dans une lumière si tamisée, expliqua-t-il, qu'on ne s'apercevait pas qu'il manquait un œil. Ça donnait l'impression qu'il y avait un trou noir, ce qui était le cas quand les yeux étaient en place, de toute façon. Alors, on l'a enlevé. Ma vision était encore gênée, mais je voyais assez pour me débrouiller. »

**MARDI 28 AOÛT :
LA CAVERNE DE GLACE**

Avec le départ de Gillian Anderson et de David Duchovny, la production s'est désormais tournée vers le tournage de scènes où n'apparaissent ni Mulder ni Scully. Ce jour marque le premier jour dans le décor de la caverne de glace, sur le plateau 14 qui, comme le décor de l'extérieur du vaisseau spatial, a été réfrigéré pour préserver la glace reconstituée qui couvre le plateau.

En studio aujourd'hui, Lance Anderson et son équipe de maquilleurs prothésistes, arrivés avant six heures du matin pour grimer Craig Davis et Carrick O'Quinn, les acteurs jouant les hommes primitifs visibles dans les scènes qui ouvrent le film. Pour les maquilleurs, c'est le premier jour de travail sur le film depuis juin, quand ils sont allés sur le glacier au Canada appliquer les prothèses de maquillage des primitifs, lors du tournage de deuxième équipe qui s'y déroulait. Entre-temps, le seul travail qu'on leur a demandé a été une légère modification des maquillages. « Ils voulaient une mâchoire légèrement plus étroite sur un des

personnages, révèle Anderson. La mâchoire trop large suffisait pour ce qu'ils ont tourné sur le glacier, parce qu'il ne s'agissait que de plans éloignés, après tout. Mais dès que nous sommes rentrés du Canada, ADI a commencé à fabriquer les nouveaux éléments de mâchoire, de façon qu'ils soient prêts pour ces cinq jours de tournage en studio. »

L'application du maquillage complet – y compris le maquillage du corps, la crasse et la poussière appliquées sur les zones exposées de la peau – exigeait trois heures et demie au départ ; mais avec l'entraînement, le temps est descendu à deux heures et demie. « Ça se passe très bien, assure Anderson en quittant le plateau glacial pour savourer la chaleur du soleil. Il fait tellement froid sur ce plateau qu'au moins on n'a pas à redouter que la transpiration détache les prothèses des acteurs. D'ordinaire, on a beaucoup de mal à garder les pièces collées, à cause de la transpiration et de la chaleur sous les projecteurs. Mais aujourd'hui, il faudra peut-être les détacher au pic à glace, en fin de journée, parce qu'elles sont gelées sur le visage des acteurs. Il fait zéro, là-dedans ! »

En quittant le chaud soleil qui règne sur les studios, le plateau apparaît particulièrement sombre, sous le seul éclairage de la torche que porte un des primitifs en avançant dans un étroit couloir verglacé, à la recherche de la créature. Le point de vue subjectif du personnage au long des treize mètres de couloir est filmé par un opérateur Steadicam placé juste derrière l'acteur, qui ne garde en avant-plan que la main du primitif, torche comprise.

Après quelques prises, Bowman n'est toujours pas satisfait des mouvements de la torche dans le plan. Finalement, il fait appliquer un maquillage convenablement crasseux sur sa propre main et traverse le tunnel, se baissant et effectuant des balayages avec la torche tandis que l'opérateur Steadicam le suit de près.

Mat Beck était également présent pour le tournage dans la caverne de glace, en particulier pour une scène dans laquelle le sang noir et huileux de la créature morte remonte le long du corps du primitif. « Le sang de l'extraterrestre est un organisme à part entière, expliqua Beck. Nous le voyons se déplacer délibérément sur la poitrine, le cou et le visage du primitif. Nous avons dû créer le même genre d'effet sur des épisodes de la série, et nous avions employé tout un tas de trucages pour y arriver. » Si, sur la série télévisée, on avait imaginé des méthodes pour ces effets, la séquence des « vers » noirs serait dans le film fabriquée sur ordinateur, puis insérée dans les scènes déjà tournées. Pour faciliter la combinaison des animations par ordinateur et des plans réels, on filma le primitif sur le plateau avec une caméra montée sur un système de *motion control*, qui permet des mouvements de caméra fluides qu'on peut répéter. « Avec le *motion control*, expliqua Beck, on n'a pas les mouvements imprévus, saccadés, qu'on obtient parfois avec un opérateur humain. Ça nous a donné sur le primitif un mouvement vers le haut de la caméra, souple, reproductible, qui faciliterait beaucoup le *tracking* des vers créés par ordinateur. Ça signifiait aussi qu'on pouvait filmer les parois de la caverne lors d'un passage supplémentaire, avec un éclairage bien mieux adapté aux effets spéciaux. »

Le *tracking* est le moyen par lequel un élément qui n'a pas été réellement filmé sur le plateau, le sang animé par ordinateur, par exemple, est mêlé aux prises réelles. Dans le cas de la scène dans la caverne de glace, le sang virtuel serait attaché à un simulacre informatique du primitif, lequel serait à son tour ajusté par *tracking* de façon parfaite au véritable acteur pendant la scène. De plus, les mouvements de la caméra virtuelle sur le sang et le primitif virtuels devraient se calquer exactement sur les mouvements de caméra durant la prise originale. Aux premiers temps des effets informatiques, le *tracking* exigeait de réunir sur le décor réel des mesures et des données minutieuses et précises. Au fur et à mesure que la technologie s'est développée, des dispositifs sophistiqués, comme des systèmes de mesure par laser dirigé sur des cibles précises, ont fourni ces informations pour le *tracking*. En général, on peut employer comme cible tout objet stationnaire et massif de la scène, et les équipes d'effets spéciaux placent souvent de tels objets dans les décors au cours des prises de vues, avant de les retirer par ordinateur une fois remplie leur fonction pour le *tracking*.

Mais les scènes avec les primitifs dans la caverne de glace étaient tellement sombres qu'on ne pouvait détecter aucune de ces cibles. « Le problème était de faire un *tracking* sur un visage humain en mouvement et expressif, expliqua Beck. Et il faisait trop noir à la lueur des torches pour se repérer à des points précis, comme l'arête de son nez. Alors, j'ai disposé sur tout le primitif de petits ronds de

tracking, faits de matériaux réfléchissants, de façon que la caméra les distingue nettement dans la faible clarté. Ensuite, au lieu de filmer le primitif au rythme normal de vingt-quatre images par seconde, nous avons tourné à quarante-huit. Fixé sur la lentille de la caméra, un anneau de diodes envoyait un flash une image sur deux. En filmant à quarante-huit images/seconde, et en flashant une image sur deux, nous avons obtenu vingt-quatre images par seconde où les ronds de *tracking* apparaissaient sur le primitif ; et nous disposions de vingt-quatre autres images où les ronds n'apparaissaient pas, puisqu'ils n'étaient révélés que lorsque les lumières envoyaient leur flash. Ainsi, nous avions des repères de *tracking* une image sur deux, et l'autre moitié des images était propre. Ce qui signifie que nous n'étions plus obligés de revenir effacer tous les points après coup. »

Autre aspect problématique de la scène dans la caverne de glace, pour les effets visuels : le primitif était revêtu de fourrures

Double page : Le primitif trouve quelque chose de stupéfiant, pris dans la glace.

sombres, qui cachaient les organismes noirs en train de ramper sur son corps. « Ses vêtements de fourrure sombre auraient absolument empêché de distinguer le sang, déclara Beck. Par chance, nous avons pu retourner la peau de bête qu'il portait à l'endroit où était le sang, si bien que c'était comme du daim, à cet endroit, plutôt que de la fourrure. »

Après le tournage dans la caverne de glace – et un week-end de trois jours pour le Labor Day –, on débarrassa le plateau 14 de sa neige et de ses parois de glace en fibre de verre, avant de le redécorer dans sa configuration contemporaine pour tourner la chute de Stevie et la séquence de sauvetage qui s'ensuit. On tendit un écran bleu au-dessus du décor, de façon à pouvoir remplacer le plafond du plateau par une véritable vue du ciel prise à California City.

Les images où la substance huileuse s'insinue dans la chaussure de Stevie, contrairement à la séquence des vers primitifs, étaient assez éclairées pour permettre des méthodes de *tracking* traditionnelles, sans le secours du système de diodes

On posa des ronds lumineux sur l'acteur Lucas Black, pour faciliter le *tracking* en postproduction. « Je lui ai dit que les ronds ne devraient pas laisser d'irritations trop marquées, et qu'il ne devrait plus y avoir de traces, d'ici à ses dix-huit ou vingt ans », plaisanta Mat Beck.

Black, connu au cinéma par son rôle marquant dans le film *Sling Blade*, ne resta sur le plateau que deux ou trois jours, le temps de tourner les terrifiantes aventures de Stevie à l'intérieur de la caverne et leur issue fatale. « Lucas a été vraiment épatant, se souvint Tricia Ronten. Il a apporté tant de vie au personnage de Stevie. Nous avons tous regretté qu'il ne passe que si peu de jours avec nous. C'est un gosse étonnant, très doué, un acteur extraordinaire. Il devait jouer toute une scène en réagissant face à quelque chose qui n'était pas là – les vers noirs. Il a fait ça de façon formidable. D'ailleurs, il a tout joué et son interprétation s'était vraiment bien passée ; et c'est alors que nous nous sommes aperçus que le *motion control* s'était déplacé à l'envers. Il a donc été obligé de tout recommencer. C'était tard dans la journée de tournage, et il était vraiment fatigué. C'était dur pour un gosse. Mais il a recommencé toute la scène, et il a été épatant. »

V/ LE TOURNAGE : RETOUR EN EXTÉRIEUR

Le tournage en extérieurs reprit le mercredi 3 septembre, quand la production alla s'installer dans l'Atheneum Club de l'Institut de Technologie de Californie, à Pasadena, pour filmer le premier jour d'une longue scène entre les doyens du Syndicat, dans un club pour gentlemen de Kensington. Toute la compagnie passa le reste du séjour à Pasadena, dans la « résidence Batman », le décor extérieur employé pour représenter le Manoir Wayne dans la série télévisée *Batman*. Parmi les scènes tournées, celle où l'Homme bien manucuré observe ses petits-enfants en train de jouer dehors, dans son élégante propriété londonienne, ainsi qu'une séquence à l'intérieur où il reçoit le coup de téléphone qui le convoque à la réunion des doyens.

Le lundi 8 septembre, la production retourna à Bakersfield faire des prises d'un nouveau champ de maïs, pour la scène finale du film, située dans un paysage tunisien semé de ruches en dôme. « Nous avons utilisé un champ de maïs très voisin de celui que nous avions précédemment filmé, déclara David Womark. Mais dans le cas présent, il est censé se trouver au cœur du Sahara, où parviennent les nouvelles de ce qui est arrivé à la conspiration. »

« Le film se termine sur l'impression que Mulder n'a pas vraiment arrêté grand-chose, précisa Rob Bowman. Nous voyons le champ de maïs et ses ruches en dôme en Tunisie, et nous savons que le Projet continue. Et il y a la scène finale entre l'Homme à la cigarette et Conrad Strughold, dans laquelle l'Homme à la cigarette constate que Mulder s'est révélé un adversaire très capable, coriace. Strughold essaie de balayer la remarque d'un haussement d'épaules, en disant : "Que peut faire un homme seul ?" Mais l'interprétation

Ci-dessus : Dans le décor du club londonien où se réunit le Syndicat.

fait en sorte que son expression contredise ses paroles. Il sait que Mulder est un ennemi formidable. »

Nouvel extérieur revisité : California City, où la production se poursuivit le mardi 9 et le mercredi 10 septembre, pour filmer les extérieurs du camp de Bronschweig. « Aller sur place avec les acteurs principaux et revenir terminer des semaines plus tard n'était pas la façon la plus facile de tourner un film, reconnut Womark. Mais c'était la seule pour pouvoir mettre la logistique de tournage en place. Nous avons donc été obligés de faire cette tournée éclair en fin de production, de revenir terminer dans ces extérieurs ce que nous n'avions pas pu filmer auparavant. »

Le jeudi 11 septembre, la première équipe termina sa ronde des extérieurs et rentra sur le plateau 14 de la Fox filmer le dernier décor : les intérieurs de la caverne de Bronschweig. La caverne avait été une nouvelle fois reconfigurée par le département artistique et les équipes de construction, en repositionnant les parois de la caverne, une tâche formidable en elle-même à cause du poids des éléments en plâtre, et en ajoutant des éléments de décor – des moniteurs d'ordinateur, la ventilation et une cellule d'isolation – à la structure de base de la caverne. « La cellule d'isolation était une sorte de loge cryogénique improvisée, dans laquelle le cadavre d'un pompier est conservé à basse température pour que l'embryon poursuive sa gestation jusqu'à son terme », expliqua Marc Fisichella.

Comme l'équipe était rentrée de California City la veille, la convocation pour le premier jour de tournage dans la caverne de Bronschweig ne se fit qu'à une heure de l'après-midi. On consacra surtout la journée à présenter les intérieurs de la caverne. « Nous avons filmé Bronschweig en train de traverser la caverne, ce qui nous a permis de mettre en place tout le décor, commenta Fisichella.

Plus tard, ce soir-là, nous avons filmé la scène où Bronschweig revient sur les lieux et découvre que l'extraterrestre a éclos du corps du pompier. » Si le tournage de ces scènes se passa sans anicroche, la journée prit mauvaise tournure quand David Womark dérapa sur la surface couverte de paraffine qui entourait l'unité d'isolation et se cogna le crâne contre le plâtre dur du décor. Après avoir reçu des soins médicaux dans un hôpital voisin où on lui posa quelques points de suture, Womark vint reprendre le travail jusqu'à l'arrêt du tournage pour la nuit.

Ci-contre, en haut : Une somptueuse maison de Pasadena a servi pour la résidence de l'Homme bien manucuré, qu'on voit ici regarder ses petits-enfants en train de jouer.
Ci-contre, en bas : John Neville (l'Homme bien manucuré), Armin Mueller-Stahl (Conrad Strughold) et William B. Davis (l'Homme à la cigarette) à Pasadena, dans le décor du bureau londonien du Syndicat. **Ci-dessus :** Mulder et Scully entrent par bluff dans la morgue de l'hôpital de la Marine, à Bethesda.

Tandis que la première équipe s'intéressait aux scènes dans la caverne de Bronschweig, la deuxième équipe d'E. J. Forester était de retour sur la calotte glaciaire de Pemberton, pour filmer l'entrée d'une véritable caverne de glace pour les premières scènes du film – des prises qui se raccorderaient à celles des intérieurs de la caverne de glace, filmés fin août dans le même studio. « Nous ne pouvions pas tourner en début de production quand nous étions là-bas, parce que la fonte des glaces ne parvient à ouvrir ces cavernes que vers août ou septembre, expliqua Womark. Donc, en fin de calendrier, nous avons renvoyé une équipe de Vancouver sur le glacier pour filmer les premières vues de la séquence avec la caverne de glace. »

Au cours de la même période, Dan Sackheim emmena une équipe de quarante personnes à Londres filmer les extérieurs du club pour gentlemen où se réunissent les doyens du Syndicat, dont

on avait filmé les intérieurs à Pasadena la semaine précédente. Devant encore tourner de très nombreuses prises avec les primitifs et la créature, Bowman comprit qu'il ne pouvait se permettre de quitter les plateaux pendant cinq jours pour filmer cinq plans d'extérieurs à Londres et décida de rester à Los Angeles et de confier les prises à Sackheim. « Danny a probablement fait sur ces extérieurs londoniens un meilleur travail que je ne l'aurais fait, d'ailleurs, commenta Bowman. Parce que à ce moment-là du tournage, j'étais à plat. Il a également ajouté des plans superbes, qui ont étoffé la scène en l'améliorant par rapport à ce que j'avais en tête. Il a tourné tous mes story-boards, mais comme il allait là-bas avec un œil frais, il a pu ajouter des choses. »

Sackheim et son équipe passèrent une semaine à Londres, consacrant plusieurs jours à la préparation de l'unique journée de prises. « Nous avons tourné dans les parages de l'Albert Hall, se souvint Sackheim. Aller jusqu'à Londres pour une simple demi-page de script était une grosse entreprise ; mais ça valait le coup, et la production en a bénéficié. Ça a donné plus de vraisemblance au film, plus d'ampleur. Nous voulions montrer dans le film toute cette atmosphère londonienne, les autobus à impériale et le reste. »

Les derniers jours du calendrier de photographie principale furent consacrés à trois scènes d'effets de maquillage et de créature très importantes : l'attaque de l'extraterrestre contre Bronschweig, qui exigeait non seulement que Tom Woodruff endosse le costume de la créature, mais aussi que l'acteur Jeffrey DeMunn porte une prothèse de maquillage ; des vues du pompier de la cave, qui nécessiteraient le cadavre articulé et transparent de pompier, avec l'embryon extraterrestre à l'intérieur ; et des prises montrant le pompier après que l'extraterrestre a jailli de son corps.

Le maquillage de Bronschweig déchiqueté avait été conçu et fabriqué par ADI plus d'un mois avant la date de tournage. « C'était un maquillage important, parce que Bronschweig est littéralement

En haut : Dans les décors du bureau du Syndicat, Rob Bowman s'entretient avec Armin Mueller-Stahl avant de tourner la longue scène, riche en dialogues. **Ci-dessus :** Une scène cruciale entre l'Homme à la cigarette et Strughold à la fin du film, située en Tunisie, révèle que le projet clandestin n'a pas été arrêté.

taillé en pièces par l'extraterrestre, nota Alec Gillis. Chris et Rob voulaient pousser le maquillage assez loin parce qu'ils n'ont pas souvent l'occasion de faire ce genre de choses sur la série télé. Ils ne peuvent pas être trop sanglants, parce qu'ils doivent s'autocensurer. C'était l'occasion pour eux de montrer quelque chose de vraiment atroce. En général, nous évitons les effets excessifs ; mais dans le cas présent, c'était essentiel pour l'histoire. »

Comme DeMunn vivait sur la côte Est et ne viendrait en Californie du Sud qu'au moment de tourner sur le plateau du mm, Gillis et Woodruff engagèrent John Oods, un spécialiste des effets spéciaux de maquillage basé à New York, pour prendre un moulage de l'acteur. « Nous avions besoin de commencer tout de suite, et nous avons demandé à John de prendre le moulage de l'acteur là-bas », expliqua Woodruff. Le maquillage fut conçu en sculptant sur le moulage de la tête de l'acteur. « Le but recherché était d'obtenir un effet horrible, mais pas trop, pour ne pas devoir couper la scène au montage. Nous devions montrer que ce type subissait un assaut brutal. Il fallait contrebalancer cette idée de l'extraterrestre plein de sagesse et de compassion. Il fallait que le public et les personnages du film se disent : "Merde, et maintenant, qu'est-ce qui se passe ?" Du point de vue technique, ce n'était pas un effet particulièrement compliqué, parce que nous ne devions pas montrer l'action à l'écran. C'était davantage une question de voir les griffes de l'extraterrestre filer vers Bronschweig en quelques plans ; et ensuite, plus tard, de le montrer avec son maquillage de blessures. Nous avons fini par poser sur lui plusieurs pièces, pour cacher des tubes à travers lesquels nous pompions le sang. » ADI fournit également le pompier de la caverne qu'étudiait Bronschweig,

conçu pour suggérer une contamination relativement récente par l'extraterrestre. « À ce stade, la peau du pompier est devenue transparente, et il y a un embryon qui vit en lui, qui bouge, précisa Woodruff. On voit ses yeux cligner, à l'intérieur du corps du pompier. Il fallait donc créer un effet à l'intérieur d'un autre effet : un embryon extraterrestre articulé dans un corps de pompier articulé. Le corps du pompier était transparent, si bien qu'on distinguait un peu de structure osseuse, des vestiges de tissus et de muscles sous-jacents, dans les bras et les jambes ; mais le plus visible dans son torse, c'était la marionnette d'extraterrestre qui remuait. »

La première étape, comme toujours, fut de prendre un moulage de l'acteur qui interprétait le pompier contaminé – dans le cas présent, un moulage intégral, puisqu'il fallait créer tout le corps. On en fit ensuite une statue d'argile, pour permettre aux artistes d'ADI de la retravailler, pour que le corps paraisse distendu au niveau du torse, à l'endroit où serait l'extraterrestre, et plus décharné au niveau des membres. On fit alors des moules à partir de la sculpture, qu'on utilisa pour faire passer des pièces de silicone spéciale. « Il y a eu de formidables développements dans les silicones, ces dernières années, expliqua Woodruff. Nous pouvons les rendre transparentes,

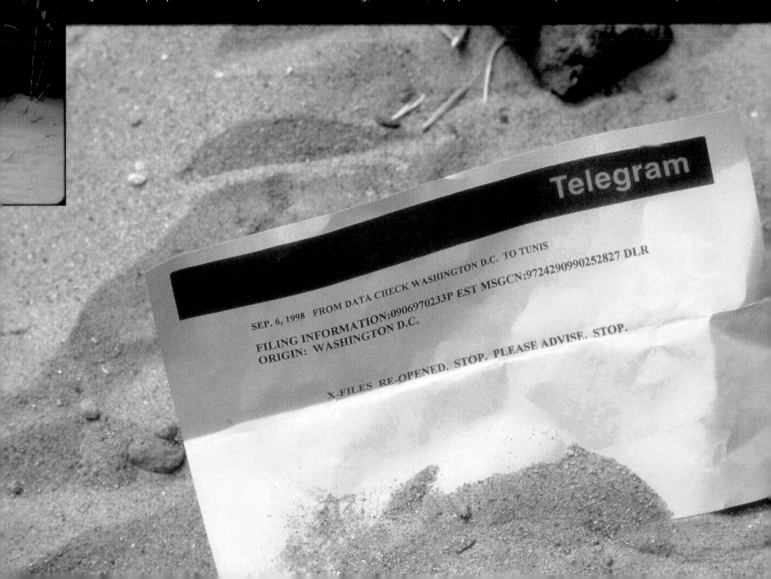

Telegram

SEP. 6, 1998 FROM DATA CHECK WASHINGTON D.C. TO TUNIS

FILING INFORMATION:0906970233P EST MSGCN:9724290990252827 DLR
ORIGIN: WASHINGTON D.C.

X-FILES RE-OPENED. STOP. PLEASE ADVISE. STOP.

et pourtant très douces et
flexibles comme de la chair.
Nous pouvions contrôler ces
qualités au niveau du moule,
obtenir l'épaisseur souhaitée.
Plus c'est épais, moins c'est
transparent. Nous avons donc
dû y prendre garde. Mais nous
souhaitions une certaine
translucidité, parce qu'un corps
complètement limpide n'aurait
pas paru organique. Il aurait
ressemblé à une statue de glace.
Nous avons fait des tests, assez
tôt, afin de déterminer l'épaisseur
de peau idéale, assez transparente pour
nous permettre de voir la créature en
dessous, tout en restant assez translucide pour
paraître réelle et montrer les détails de la forme. »

On expérimenta aussi une technique qui permettrait
d'ajouter des veines et du tissu musculaire à l'intérieur du corps.
« Au cours de nos tests, expliqua Woodruff, nous laissions en fait
durcir une couche de silicone, puis nous peignions dessus des veines et
du tissu musculaire ; on posait une nouvelle couche, on la peignait, et
ainsi de suite, de façon à conférer une véritable impression d'épaisseur
au réseau de veines. Mais quand nous avons commencé à réellement
fabriquer les corps, nous avons adopté une technique plus simple.
Nous avons fabriqué un noyau qui représentait la structure interne du
corps – un peu d'os et de muscles – et nous avons directement peint
les veines sur ce noyau. Donc les os, les muscles, tout ce qu'on aperçoit
à l'intérieur du pompier est en fait une sculpture d'un seul tenant. On
a couvert d'une peau en silicone transparente, peinte d'une couche
supplémentaire de veines. » Les dernières étapes de la construction du
corps du pompier consistèrent en l'ajout d'yeux et de dents acryliques,
puis en une implantation de vrais poils humains sur la tête et le corps,
un par un. « Ça l'a vraiment rendu totalement réaliste, comme si
cheveux et poils poussaient sur sa peau translucide. »

Pour l'embryon extraterrestre dans le corps du pompier, ADI a
créé une sculpture dont on a tiré la créature finale en mousse de
latex. Comme les extraterrestres adultes, l'embryon avait une tête
articulée, radiocommandée. « Il pouvait cligner des yeux et ouvrir la
mâchoire, révéla Woodruff. Ensuite, pour des mouvements de corps
plus généraux, nous avons placé de petites baguettes dans son dos ;
de cette façon, des marionnettistes pouvaient s'installer là pour le
remuer un peu. Il était sculpté en position fœtale ; mais il pouvait

également remuer les épaules et se tortiller, comme s'il se cherchait
une position plus confortable. » Un volet pratiqué sur le noyau, dans
le dos du corps du pompier, permettait aux marionnettistes d'avoir
accès aux baguettes. « Tout le monde était ravi de l'embryon et du
pompier de la caverne quand l'heure du tournage est arrivée. Le
pompier était étendu, les yeux ouverts, dodelinant de la tête, et sa
mâchoire s'ouvrait comme pour un dernier soupir. À l'intérieur de
sa poitrine, on voyait ses poumons se gonfler, son cœur battre et
une veine palpiter sur son cou, alors que l'embryon approchait le
visage de la peau transparente du torse. L'embryon a cligné des
yeux, bougé les mains et les mâchoires. C'était vraiment saisissant.
De tout ce que nous avons fait pour le film, c'est l'effet qui a suscité
les réactions les plus étonnées de tout le monde sur le plateau. Ils
étaient stupéfaits. »

On fabriqua une deuxième version du pompier, non articulée,
fabriquée comme la première, pour la scène où Bronschweig
découvre que l'extraterrestre a « éclos » du corps. Les membres
étaient plus émaciés, et l'homme semblait avoir moins de substance
organique – deux éléments visant à suggérer un stade plus avancé
de l'infection. On sculpta également la région du torse de façon
qu'elle paraisse avoir éclaté de l'intérieur lors de l'éclosion de
l'extraterrestre.

Les prises de vues principales du film des X-Files s'achevèrent le
mardi 16 septembre, mais sans apporter le sentiment d'avoir conclu

quelque
chose. Le calendrier
de la deuxième équipe
comptait encore beaucoup de
prises. Libéré de son travail avec
la première équipe, Rob Bowman
dirigea une grosse part des prises
manquantes de deuxième équipe. « La
seule différence pour moi, c'est qu'il y
avait tous les jours moins de monde sur le
plateau, déclara Bowman. Mais je continuais
de tourner : des vues supplémentaires de la créature, des inserts de loge cryogénique. » Le tournage se conclut
enfin, au terme de la première semaine d'octobre, quand Bowman
filma la scène où le corps de Scully dans le coma – un des
mannequins de KNB, logé dans une réplique de cellule d'isolation –
est chargé à bord d'un avion à destination de l'Antarctique.

Double page : Les derniers jours du tournage principal se sont passés dans le décor
de l'intérieur de la caverne, redécorée pour être le site d'expérimentation high-tech
de Bronschweig. Le cadre du décor était en bois, couvert de plâtre moulé, et équipé
de moniteurs, d'ordinateurs et d'une cellule d'isolation réfrigérée.

« Ça a été le tout dernier jour de la deuxième équipe, la toute
dernière chose que j'ai tournée. Nous avons filmé à l'aéroport
de Los Angeles, dans la zone de fret d'American International,
complètement en bout de piste. Ça nous a pris toute la nuit – une
nuit chargée, avec pas mal de gros projos et d'avions à réaction qui
passaient tout près. »

a mis sans arrêt des bâtons dans
les roues, et je ne l'ai jamais vu
perdre son sang-froid. Il aurait
souvent eu d'amples raisons de le
perdre, mais il s'est toujours comporté
de façon parfaite. Il a fait face à ce qui venait,
avec calme et bonne grâce, et une habileté énorme.
Je lui tire vraiment mon chapeau pour ça. »

« Mettre en scène à ce niveau de complexité et à
cette cadence exige pratiquement d'atteindre le zen, reconnut
Bowman. Ce que je faisais chaque jour en me retirant dans
ma caravane à l'heure du repas, pour me retrouver seul et me
concentrer à nouveau sur l'histoire que j'essayais de raconter.
Il y a tant de distractions sur un plateau de tournage, tant de crises
qu'il faut dénouer, qu'on est facilement arraché à la pureté de la
narration. C'est pour ça que j'allais dans ma caravane m'asseoir
et me remémorer l'essence de ce que je faisais ici.

» Je me suis également accroché à quelque chose que m'a dit
un de mes amis, au début : "Navigue à travers la tempête." J'avais

Quatre mois
s'étaient écoulés
depuis le début du
tournage des *X-Files*, et chaque jour de ces quatre mois avait posé
aux cinéastes des problèmes dus à une préparation trop courte et à
un calendrier de tournage tout aussi restreint. Personne n'y avait été
plus exposé que Rob Bowman ; mais, on ne sait comment, il avait
maintenu une égalité d'âme remarquable, du premier au dernier
jour de tournage. « Une des qualités les plus extraordinaires de Rob,

énorme grain en haute mer. Et, plus d'une fois, j'ai eu l'impression que je perdais le bateau. Mais cette image de moi, rivé à la barre, en train de naviguer à travers la tempête, m'a aidé à supporter des tensions intenses qui m'auraient complètement fait perdre la tête, sinon. Il y a énormément de raisons d'exploser, chaque jour. Mais je ne crée pas bien quand je cède à l'explosion. Je n'aime pas travailler dans ce genre d'ambiance. Et quand j'explose, je ne navigue pas à travers la tempête. »

VI/ LA POSTPRODUCTION

Avec la fin du tournage, le film entra dans une période de postproduction qui durerait sept mois, une période sereine comparée au rythme précipité de la préparation et de la production. « L'idée était d'obtenir pour Noël une version terminée du film, sans les inserts informatiques, déclara Chris Carter. Ça nous laisserait les quelques mois suivants pour l'examiner, le perfectionner et ajouter les plans en images de synthèse. Un tel délai semblait du luxe, mais nous avions besoin de tout ce temps. » Délivré des exigences les plus pressantes du film, Carter accorda toute son attention à la série télévisée, allant à Vancouver superviser la production des épisodes qu'il avait écrits. Il laissait derrière lui, à la Fox, Rob Bowman et Dan Sackheim, qui passeraient les trois mois suivants à monter des centaines de bobines de pellicule en deux heures de film cohérent.

Bowman et le monteur, Steve Mark, commencèrent le travail par la séquence de l'extérieur du vaisseau spatial, la plus chargée du film en effets spéciaux. Les éléments déjà tournés de la séquence devaient être montés le plus vite possible, pour que l'équipe des effets spéciaux se mette à créer et à insérer les effets spéciaux sans plus tarder. « Cette séquence devait se composer presque entièrement d'effets, expliqua Bowman, si bien que j'ai dû faire énormément appel à mon imagination au moment de monter la scène. Je devais imaginer ce qui se passerait quand on aurait ajouté les effets spéciaux, et rester optimiste quant au résultat final. J'ai conduit la séquence vers un joli point d'orgue, et j'ai confié le résultat à Mat Beck. »

Après avoir exclusivement consacré leurs dix premiers jours à monter les scènes de l'extérieur du vaisseau spatial, Bowman et Mark entreprirent de monter le film dans sa continuité, en débutant par la première bobine, une tactique dont Bowman avait estimé que ce serait la plus efficace. « J'avais vraiment hâte de rentrer à Vancouver sur la série télé, et je voulais donc laisser derrière moi le plus de travail achevé possible, expliqua Bowman. J'ai décidé que la meilleure façon de monter ce film, ce serait en suivant l'histoire. Il y avait des tonnes de pellicule et l'histoire était très complexe. Ça m'a paru être la meilleure approche. » Tout comme il avait quelque peu aménagé son style de mise en scène en fonction de ce film, Bowman comprit que le montage demandait lui aussi un autre rythme. « À la télé, tout le monde essaie de retenir le public, de l'empêcher de changer de chaîne. La pression est plus forte, le montage est plus haché. Mais dans un film, les gens sont venus au cinéma en voiture, ils ont payé leur place, ils sont assis, leur pop-corn sur les genoux. Ils ne vont pas se lever et sortir, à moins que vous n'ayez vraiment saboté le boulot. Ils vous accordent leur intérêt et leur attention, inutile de les bombarder de plans courts. Beaucoup de cinéastes le font, et c'est très réussi, mais ce n'est pas mon style. Moi, je suis un peu

Ci-contre : À l'intérieur de la cellule d'isolation, se trouve le pompier contaminé, mourant.

vieux jeu dans mes goûts. J'aime les vieux films, les classiques. En dirigeant ce film comme en le montant, je n'ai pas essayé d'être neuf, branché ou d'avant-garde, d'ouvrir de nouvelles voies au cinéma. J'ai essayé de lui donner un parfum un peu démodé, un parfum de classique. »

Même si le montage était en cours, le film restait inachevé. Il manquait tous les effets visuels, ainsi que des séquences de transition, négligées pendant le lourd calendrier de tournage. Ces scènes de liaison comprenaient des vues de Mulder et de Scully sur écran vert, pour la séquence à l'extérieur du vaisseau spatial, et les moments où Mulder gagne l'intérieur du vaisseau en rampant dans un conduit de ventilation. « Nous avions tourné le début de la scène, quand il tombe par le trou dans la glace, précisa Dan Sackheim. Et nous avions tourné la fin, quand il émerge à l'intérieur du vaisseau spatial. Mais nous n'avions pas tourné le milieu, quand il se déplace dans le conduit proprement dit. Nous n'avions pas eu le temps. »

Manquait également une rencontre cruciale entre Mulder et l'Homme à la cigarette, prévue pour la fin du film. La scène avait été une des toutes dernières écrites par Carter qui, volontairement, avait repoussé la mise au point du dialogue pour voir comment se passait le film. « C'était une scène très importante, mais nous n'avons jamais trouvé le temps pour elle dans le calendrier de la production, expliqua Sackheim. Nous avons terminé les prises de vues principales en sachant qu'il faudrait tourner cette scène, tôt ou tard. » Les prises et les scènes manquantes seraient filmées en fonction de l'emploi du temps chargé de David Duchovny et de Gillian Anderson. « Il a fallu travailler sur ces scènes par petits bouts, le week-end, chaque fois que l'occasion se présentait. C'était une situation regrettable, parce que les acteurs ployaient déjà sous le travail. »

En plus du montage, Bowman et Sackheim passèrent une grande partie de la période entre la fin du tournage, en octobre, et Noël à s'entretenir avec les spécialistes des effets visuels, à vérifier les tests et à offrir leur point de vue. Bowman avait cru qu'il n'aurait guère à s'investir dans le travail des effets visuels — tout comme sur la série télévisée, où réalisateur et équipe des effets visuels n'ont pratiquement jamais le temps de discuter. « Je me suis vite aperçu que pas un détail des effets ne pouvait se dispenser de mon avis, avoua Bowman. Je devais tout mettre en scène, être là pour apposer ma signature sur ces plans et m'assurer qu'ils se fondaient dans la conception générale du film. »

Alors qu'il avait été présent sur le plateau de tournage durant toute la production, le superviseur des effets visuels, Mat Beck, commençait juste à fabriquer les effets du film. À l'origine, on avait fixé la livraison en février ; mais, devant la multiplication des effets à produire, on dut repousser la date. Avec Kurt Williams, producteur des effets visuels, Beck avait sous sa responsabilité quatre importantes séquences à effets : celles avec les « vers », où le sang noir et huileux de la créature rampe sur le corps d'un des primitifs et, plus tard, de Stevie ; l'explosion du bâtiment fédéral ; les extensions digitales du décor à l'intérieur du vaisseau spatial ; et la séquence du vaisseau extraterrestre pour le clou du film. En plus de ces séquences d'effets capitales, l'équipe se chargerait d'un certain nombre de composites, insérant la silhouette de Dallas à l'horizon, ou des champs de maïs là où ils n'existaient pas à l'origine.

La compagnie d'effets visuels de Beck, Light Matters, releva le défi : créer par ordinateur les images des séquences avec les vers. On commença par scanner l'acteur qui jouait le primitif, afin de créer un double virtuel de sa poitrine et de sa tête. L'équipe anima un fluide noir créé sur ordinateur et l'ajouta à cette représentation informatique du primitif, qu'on superposa ensuite au véritable acteur, sur les prises de vues réelles. « Greg Strause devait réaliser un *tracking* parfait de la tête virtuelle sur la tête réelle, sinon

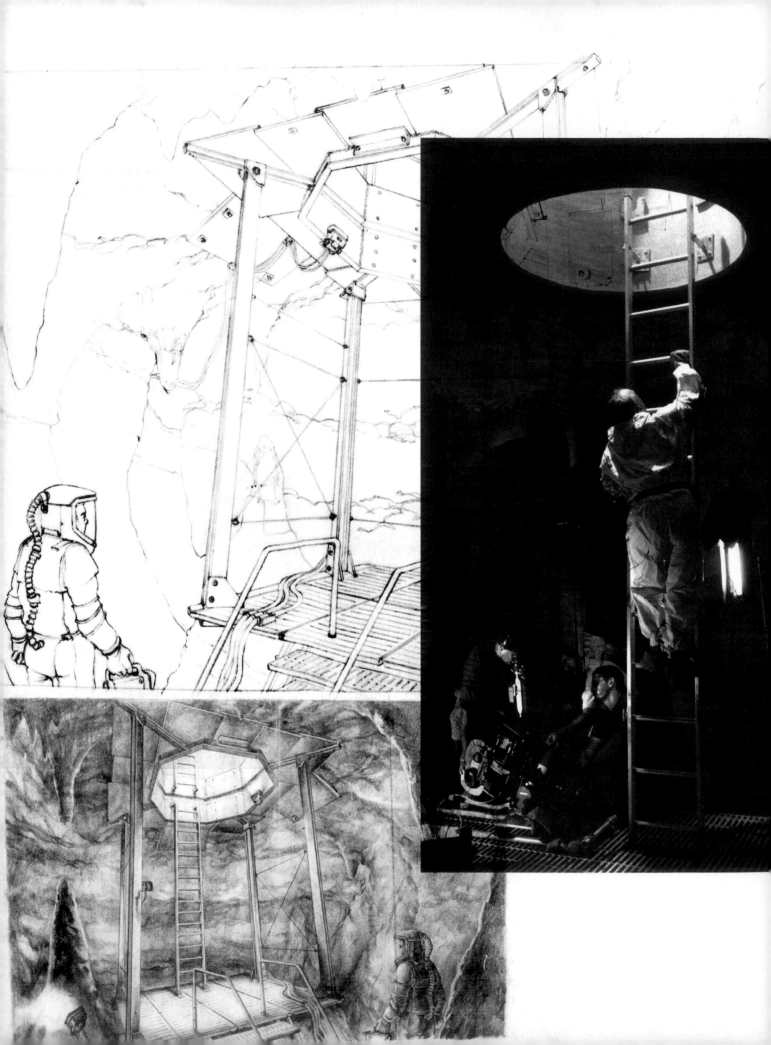

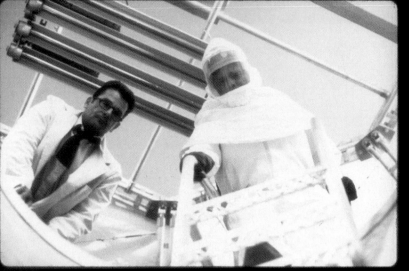

les vers auraient donné l'impression d'aller à la dérive », expliqua Beck.

Pendant la période où il était superviseur des effets visuels sur la série *X-Files*, Beck avait réalisé un effet similaire de façon pragmatique, fixant lumières, caméras et une portion du décor sur un axe pivotant, avant de tout basculer pour faire couler le liquide dans la direction et à la vitesse désirées. « On voyait le liquide changer de trajectoire et se déplacer d'une façon qui semblait délibérée, se souvint Beck. Nous avons pensé faire pareil pour le film, mais nous avons changé d'avis. L'emploi du temps ne nous permettait pas de réaliser des effets qui auraient été très longs à mettre en place. Et comme cette méthode aurait convenu pour certains plans, mais pas pour d'autres, nous aurions fini par créer des effets digitaux, de toute manière. Une fois que vous savez que certains plans seront faits à l'ordinateur, il n'y a guère de raisons de ne pas tous les réaliser sur ordinateur. »

On avait déjà procédé à des essais, mais Colin Strause, de Light Matters, commença vraiment à créer les vers digitaux un mois après la fin du tournage principal. Strause se concentra d'abord sur la séquence du primitif, établissant un modèle digital pour la substance organique vermiforme, puis animant sa reptation le long du corps du primitif. Pour la couleur, l'épaisseur ou la viscosité, l'équipe d'effets visuels se basa sur des images de divers fluides en mouvement, ainsi que sur l'avis de Chris Carter et de Rob Bowman ; mais l'animation elle-même fut dictée par le jeu du primitif dans la séquence déjà tournée. « L'interprétation de l'acteur a totalement déterminé le mouvement des vers, confirma Beck. Pour que la scène fonctionne, les vers devaient se déplacer de façon logique, selon les actions du personnage. Nous ne pouvions pas les animer selon notre bon plaisir. Créer une substance réaliste, fluide et intelligente, voilà le véritable défi à relever. »

En fin de compte, les effets furent obtenus par des techniques de digitalisation de surface ou des Metaballs. « Les Metaballs sont une opération de modélisation par ordinateur dans laquelle on assemble des globules, expliqua Beck. Avec les Metaballs, on crée un modèle à partir de ces globules groupés

qu'on peut animer et contrôler séparément. L'autre technique était de créer une surface quadrillée, déformable et étirable en tous sens, par simple action sur les éléments de contrôle qui définissent la surface. Ensuite, nous pouvions habiller l'ensemble d'une surface et l'éclairer. Finalement, c'est cette solution que nous avons adoptée. »

La séquence des vers avec Stevie différait de celle du début du film, parce que nous voyons les vers, après qu'ils se sont introduits dans la chaussure du jeune garçon, ramper sous sa peau, plutôt qu'à sa surface. « Faire passer les vers sous la peau était un effet plus complexe, parce qu'il exigeait que nous déformions la peau, dit Beck. Nous avons créé sur ordinateur un modèle du corps de Stevie, sur lequel appliquer sa texture de peau. Nous avons plaqué cette texture – filmée au cours des prises de vues réelles – sur le modèle filaire, et puis nous l'avons déformé pour suggérer le déplacement du liquide en dessous. »

Tandis que Light Matters créait les vers, Blue Sky/VIFX travaillait sur l'explosion du bâtiment gouvernemental au début du film. Des charges pyrotechniques placées sur la fausse façade devant le bâtiment abandonné de l'UNOCAL à Los Angeles avaient fourni les éléments réels de la déflagration ; et ces prises de vues réelles allaient être amplifiées par trois plans d'effets visuels, obtenus en filmant des maquettes. Ces prises de vues avaient été conçues et développées dès le début par prévisualisation assistée par ordinateur. « Nous devions déterminer les tendances de la destruction, fit observer Kurt Williams. Devait-il y avoir des feux à éclats rouges, par exemple, ou plutôt un panorama de béton, inerte et poussiéreux, jonchant le sol ? Nous devions trouver le moyen de donner de la vie au

moment qui suit l'explosion, avec des lumières, des tuyaux éclatés, et une foule de détails. »

La référence essentielle sur l'aspect de l'explosion fut apportée par une analyse simulée par ordinateur de l'explosion du bâtiment fédéral d'Oklahoma City, qui révéla une déflagration initiale au rez-de-chaussée de l'immeuble, suivie par l'effondrement des étages supérieurs. « Nous voulions que notre explosion fonctionne *grosso modo* selon les mêmes modalités, expliqua Beck. Comme si la bombe placée en bas pulvérisait les soutiens du bâtiment, provoquant un écroulement général, et la chute de grands pans de maçonnerie. » Telle qu'elle apparaît dans sa version finale, l'explosion commence par un plan serré sur Mulder et Scully qui fuient le bâtiment en courant, sautent dans une voiture et démarrent en trombe. « L'action se passe de leur point de vue, ce qui veut dire qu'on ne voit pas vraiment grand-chose de l'explosion en cours. D'ailleurs, dans une véritable explosion, il y a tant de poussière et de fumée qu'il est difficile de voir ce qui se passe vraiment. C'est seulement après que la voiture dans laquelle se trouvent Mulder et Scully quitte la route, poussée par l'onde de choc, qu'on voit ce qu'il advient de l'immeuble. Donc, sur nos prises de vues avec la maquette, il fallait montrer les conséquences, plus que l'explosion proprement dite. Et que voit-on après coup ? Des étages qui s'écroulent, des débris qui volent, des canalisations d'eau crevées, de petits foyers qui flambent, des étincelles, de la fumée. Il devait se passer beaucoup de choses sur la maquette, mais nous ne devions pas montrer une énorme boule de feu s'élever de l'explosion proprement dite. »

On réalisa trois vues de l'explosion avec la maquette ; un plan en plongée, pris du sommet du bâtiment, alors que les murs se détachent et que monte un nuage de poussière ; une vue éloignée montrant l'effondrement de l'immeuble sur son flanc gauche ; et un panoramique qui contourne Mulder pendant qu'il contemple, figé, le bâtiment en ruine. « C'est le plan dans lequel il dit à Scully : "La prochaine fois, c'est toi qui paies." Il y a encore des débris qui tombent, il y a de la fumée, et on voit l'eau gicler des canalisations coupées. »

Les modélistes de Hunter/Gratzner Industries, sous la supervision de Ian Hunter, construisirent une maquette au 1/8e, haute de huit mètres. Plutôt que de recréer tout l'immeuble, Beck avait décidé d'économiser du temps et de l'argent en commandant une maquette trapézoïdale. Le côté gauche de la maquette avait une épaisseur normale, mais le côté droit formait un angle, constituant le petit bout de la structure. « Fabriquer une maquette de tout le bâtiment nous aurait coûté trop cher, se justifia Beck. Mais l'astuce marche, à cause des angles de prises de vues que nous avions choisis. De ces positions-là, on ne voyait pas toute la structure en trois dimensions, de toute façon. L'essentiel de la destruction se situe sur le côté gauche de l'immeuble ; sur la droite, il n'y a presque aucun dégât, à part les vitres cassées. Alors, nous avons décidé de ne donner de l'épaisseur au bâtiment que sur la gauche, et de le filmer de ce côté-là, sous un certain angle. »

Constituée d'un squelette d'acier couvert de Placoplâtre et de fenêtres en plastique transparent, la maquette arborait un luxe de détails intérieurs et extérieurs qui donnaient l'impression d'un grand nombre d'étages et de bureaux. « Il y avait des fragments d'armatures de béton, des dalles d'isolation au plafond, et une foule de détails minuscules, affirma Beck. En regardant par les fenêtres, on voyait des pendules arrêtées à l'heure exacte de l'explosion que spécifiait le scénario. Ian Hunter a même accroché à l'intérieur de petits calendriers, dont un qui portait un gros X à la date de l'anniversaire de Chris Carter, le 13 octobre. »

L'explosion de la maquette fut filmée sur un site désaffecté de la compagnie Hughes Aircrafts, à Playa Vista, à quelques kilomètres des studios de la Fox. Ses immenses hangars, vastes comme des plateaux de cinéma, avaient déjà servi pour des productions comme *Titanic*, *Batman Forever* et *Independence Day*. Pour les *X-Files*, l'équipe de modélistes dressa la maquette sur un des parkings. « Dans la mesure du possible, il vaut toujours mieux filmer une maquette extérieure à l'extérieur, expliqua Beck. Nous l'avons installée et filmée sous un soleil idéal, afin que tout corresponde aux scènes déjà tournées. Ce qui signifie qu'il nous a fallu deviner quel temps il ferait. Il fallait se préoccuper du vent, des nuages, de la pluie, de toutes ces conditions qui ne posent d'ordinaire aucun problème à L.A. » On s'inquiéta particulièrement du temps : les journaux télévisés multipliaient de sinistres prévisions sur les pluies torrentielles qu'El Niño devait apporter en Californie du Sud. En fait, ces annonces de fortes précipitations en fin d'automne furent la raison pour laquelle on tourna fin octobre, et non plus tard.

On consacra trois jours – du lundi 27 octobre au mercredi 29 octobre – aux prises de vues avec la maquette, supervisées par Mat Beck. John Wash et une équipe de tournage de Blue Sky/VIFX s'occupèrent des prises de vues proprement dites, et une équipe de Hunter/Gratzner resta à proximité pour veiller à redécorer la maquette et à la remettre en place. Ian O'Connor, pyrotechnicien modéliste, fut chargé de déclencher de petits incendies sur toute la maquette, ainsi que de faire jaillir des pluies de débris. « Dans le plan large, dit Beck, nous assistons à un énorme écroulement secondaire des étages supérieurs, avec des chutes de débris. Et ensuite, on voit s'effondrer le toit, qui avait été bâti en une substance caoutchouteuse très fine, de façon qu'elle se comporte comme une voile qui faseye. Il y avait une vue comme ça, sur le toit du bâtiment d'Oklahoma City, et j'ai trouvé que c'était l'une des plus bouleversantes images de l'explosion. » Des étages basculants, soutenus par des cylindres et des fils spéciaux, étaient libérés par télécommande pour que des étages bien précis du bâtiment s'écroulent quand il le fallait.

Le tournage avec la miniature achevé, Beck et l'équipe de Blue Sky/VIFX disposaient de tous les éléments nécessaires pour produire leurs trois derniers plans. La vue en plan large de la maquette, ainsi que des prises de vues de référence de Dallas furent insérées dans une image réelle du véritable immeuble en ville. La vue en plongée depuis le toit fut également combinée à des prises de la véritable explosion filmée au bâtiment de l'UNOCAL, dont certaines avec Mulder et Scully en train de quitter les lieux en voiture. « Une fois terminé, décrivit Beck, le plan comprenait un arrière-plan réel, une voiture réelle, de la fumée en partie réelle, des zones de fumée tournées à part, et des éléments de maquette montrant des pans de façade en train de se détacher. » Pour finir, on inséra une petite section de maquette détruite dans la surface couverte par un écran vert autour de Mulder, dans le panoramique déjà tourné.

Si, pour l'explosion du bâtiment, on avait opté pour une solution traditionnelle avec maquette, une autre séquence capitale du film – l'intérieur du vaisseau spatial – appelait une réponse digitale, où le décor construit sur le plateau serait étendu par une combinaison d'images en deux et trois dimensions, conçues par infographie. Au départ, les techniciens digitaux de Light Matters s'étaient vu confier neuf plans d'extension du décor. Mais quand la séquence fut achevée, elle en réclamait plus de trente. L'augmentation venait des limitations de composition imposées au tournage par un décor qui ne couvrait qu'une infime fraction de ce qu'on verrait finalement à l'écran. Une fois sur place, Rob Bowman s'était vite aperçu que, quel que soit son cadrage, la caméra finissait par déborder de la structure en place, nécessitant un insert digital.

« C'est une vérité établie sur les tournages qu'on apprend à faire chaque film en filmant, commenta Beck. Quand on a fini de tourner,

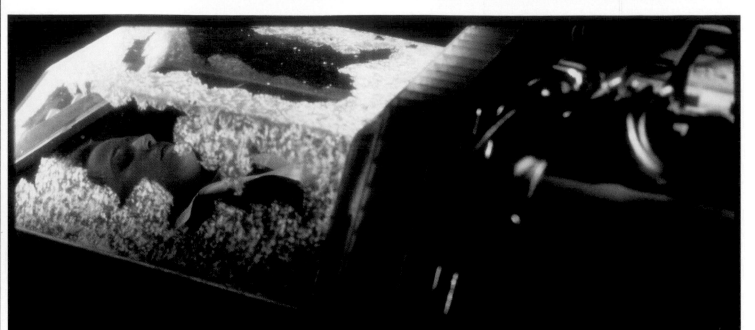

on pourrait recommencer, et tout se passerait avec une aisance incroyable ! Il y a dû y avoir des moments où Rob s'est senti frustré sur le décor de l'intérieur du vaisseau spatial, muselé par le choix des endroits où il pouvait ou ne pouvait pas pointer sa caméra. Il nous demandait : "Et ici, je peux y aller ? Et là ?" Et une partie de mon travail consistait à savoir quand répondre "oui" et quand répondre "non". Mais Rob a l'œil tellement exercé et une telle passion de la prise idéale, qu'on repoussait sans cesse les limites, pour lui offrir ce qu'il voulait. Il en sait assez sur les effets spéciaux pour essayer de suivre les règles et, à l'occasion, les enfreindre. C'est là que c'est intéressant, et bien souvent les prises y gagnent. » Le travail sur les extensions de décor chez Light Matters débuta fin octobre.

Plan par plan, Beck et son équipe jugèrent si une modélisation complète en 3-D était nécessaire, ou si une approche en 2-D, plus simple, moins longue et moins coûteuse ne ferait pas l'affaire. « Je cherchais toujours les endroits où je pouvais m'en tirer avec une solution en 2-D, expliqua Beck. La plupart des plans devaient être en 3-D, à cause de la position et des mouvements de la caméra. Chaque fois que la caméra se déplaçait ou panotait sur une certaine distance, il fallait modéliser le décor par ordinateur, puisque le mouvement induisait des variations de perspective qu'on ne pouvait reproduire que par un modèle en relief. Quand la caméra était immobile ou éloignée, nous pouvions nous en tirer avec une peinture d'insert en deux dimensions. » La plupart des prises se situèrent à

MARDI 28 OCTOBRE : PLAYA VISTA

Ce qui fut autrefois le siège bourdonnant de Hughes Aircraft est désormais une enfilade de bâtiments de bureaux et de halls abandonnés. Mais les vastes espaces ouverts et les immenses hangars vides sont idéaux pour filmer de grandes maquettes pour des productions cinématographiques, et les équipes de films comme *Batman Forever*, *Independence Day* et *Titanic* ont su les mettre à profit.

Aujourd'hui, les équipes d'effets visuels de Hunter/Gratzner Industries, Blue Sky/VIFX et Light Matters sont sur le site, pour filmer les huit mètres de la maquette d'un bâtiment, pour des prises qu'on insérera dans l'explosion de l'immeuble de l'UNOCAL, tournée quatre mois plus tôt. La maquette en forme de trapèze est montée sur une plate-forme haute d'un mètre vingt et ceinturée d'écrans bleus, pour pouvoir insérer les éléments réels déjà filmés sur les vues de la maquette. Deux grandes grues se dressent à proximité : l'une est équipée d'une caméra, l'autre employée par les membres de l'équipe pour remettre en état le sommet de la maquette.

La journée d'hier et une bonne partie de celle d'aujourd'hui ont été consacrées à tourner des plans

éloignés du bâtiment, et une plongée sur le toit. Pour la contre-plongée, Ian O'Connor, pyrotechnicien modéliste, a déclenché une boule de fumée et de feu qui monte des étages inférieurs de la maquette. Simultanément, des filins monofilaments reliés aux étages supérieurs ont été libérés électroniquement, provoquant l'effondrement des étages, projetant poussière et débris.

À midi, l'équipe se prépare pour un plan en *motion control* : un panoramique sur le bâtiment en ruine. La précision informatique du *motion control* – un système qui permet de répéter exactement les déplacements de caméra – est essentielle, car le panoramique servira pour un composite avec un autre plan en *motion control*, tourné en extérieur avec David Duchovny. Pour la scène, on avait placé un écran vert devant l'acteur, de façon à pouvoir insérer cet élément de maquette dans la zone verte.

La maquette est en place, la caméra de *motion control* aussi ; mais Mat Beck – qui, avec John Wash, superviseur des effets visuels chez Blue Sky/VIFX, orchestre le tournage de la maquette – attend que le vent tombe avant de crier : « *Action !* ». « Ce vent nous tue », grommelle Beck. La bourrasque soulève la poussière et les débris lâchés du toit de la maquette et fait claquer ses drapeaux miniatures. Ce genre de mouvement va trahir la vraie nature de la maquette – filmée à quatre-vingt-seize images par seconde pour donner une sensation de taille et de masse – quand la séquence passera à vitesse normale. « On va se croire

en pleine tempête », bougonne Beck. Le vent retombe assez longtemps pour tenter une prise du panoramique. Au cri : « *Action !* » de Beck, on allume des rampes à feu camouflées à l'intérieur de la maquette, on libère les débris de leurs conteneurs sur le toit, et la caméra contrôlée par ordinateur exécute un parfait panoramique du bâtiment. Quand Beck vérifie la prise sur un moniteur vidéo quelques instants plus tard, il n'est pas satisfait de la façon dont les débris s'envolent des conteneurs. « Ils devraient tomber, pas jaillir », explique Beck au superviseur modéliste, Ian Hunter, dont l'équipe a garni les conteneurs pour qu'ils libèrent leur charge au signal.

Après quelques nouvelles prises infructueuses, Beck a une idée. « Oubliez les conteneurs, dit-il. On place deux types sur le toit avec des balais et, au signal, on leur demande de balayer les débris. » Les déblayeurs désignés sont informés de la technique de balayage à adopter – en douceur, sans violence – et ils se mettent en position sur le toit de la maquette, à neuf mètres de hauteur, sans rambarde de sécurité.

Quand Beck crie de nouveau : « *Action !* », la caméra accomplit son panoramique, les balayeurs balaient et les débris croulent de façon idéale le long de la façade. Malgré toute la technologie sophistiquée dont peut disposer une équipe d'effets visuels, le succès tient parfois à deux types armés de balais.

mi-chemin, exigeant ce que Beck qualifia de « 2-D et demie ». « Les prises en 2-D et demie étaient essentiellement des images en deux dimensions soumises à des manipulations digitales. Edson Williams pouvait ajouter un léger étirement ou un effet multiplan de façon à suggérer un changement de perspective. C'était une façon de tricher avec les images 2-D pour donner une impression de 3-D. La manœuvre nous a fait gagner du temps. Dans certains cas, c'était en fait une meilleure façon de traiter la prise. »

Une vue de Mulder émergeant sur la galerie supérieure du vaisseau, surplombant l'immense intérieur révélé, fut entièrement créée à l'ordinateur, sauf le petit morceau à l'avant-plan où se tenait David Duchovny. Tout le reste de l'image a été synthétisé en postproduction. « La galerie est censée se placer à une trentaine de mètres au-dessus des couloirs où se trouve la loge cryogénique de Scully, expliqua Kurt Williams. Et donc, quand Mulder débouche sur ce balcon, il a une vue spectaculaire sur l'immense intérieur du vaisseau. » Repérant Scully plus bas, dans une loge cryogénique, Mulder tente la descente vers elle et finit par se laisser glisser le long d'un énorme tube. La descente sur le tube fut filmée mi-août avec la doublure de Duchovny. « C'était un tube de trente mètres posé devant un écran vert, pour que nous puissions appliquer par ordinateur une texture et donner l'impression qu'on était à l'intérieur du vaisseau. »

Nouveaux effets plus loin dans la scène, quand Mulder libère Scully de la loge cryogénique et lui injecte l'antidote au virus extraterrestre, provoquant une réaction du vaisseau endormi. « Quand Mulder injecte l'antidote à Scully, c'est comme si le vaisseau le sentait, expliqua Beck. L'antidote entre dans un tube qui nourrit Scully, perturbant les systèmes du vaisseau. Il fallait bien faire comprendre ça, par une vue du tube nutritif, rempli d'un liquide clair qui coule dans un sens, puis d'un plan sur le fluide ambré de l'antidote circulant en sens inverse, remontant le système circulatoire du vaisseau, détruisant le tube et activant brutalement le vaisseau. Les deux liquides et le tube en train de se flétrir ont été modelés et animés par ordinateur. »

La séquence d'effets spéciaux la plus ambitieuse du film est le clou du spectacle : Mulder et Scully fuient le vaisseau et regagnent la plaine de glace, puis courent pour échapper au vaisseau spatial qui se dégage de sa gangue souterraine et disparaît dans le ciel. La séquence fut composée avec des scènes tournées sur le plateau de l'extérieur du vaisseau spatial, des prises de vues faites sur la calotte glaciaire de Pemberton, et des scènes d'effets visuels avec des maquettes du glacier et du vaisseau spatial. Parmi les prises de vues réelles, la course de Duchovny et d'Anderson sur la glace, au milieu de jets de vapeur actionnés par l'équipe des effets spéciaux. Pour des plans plus larges où la couverture de glace implose, on inséra

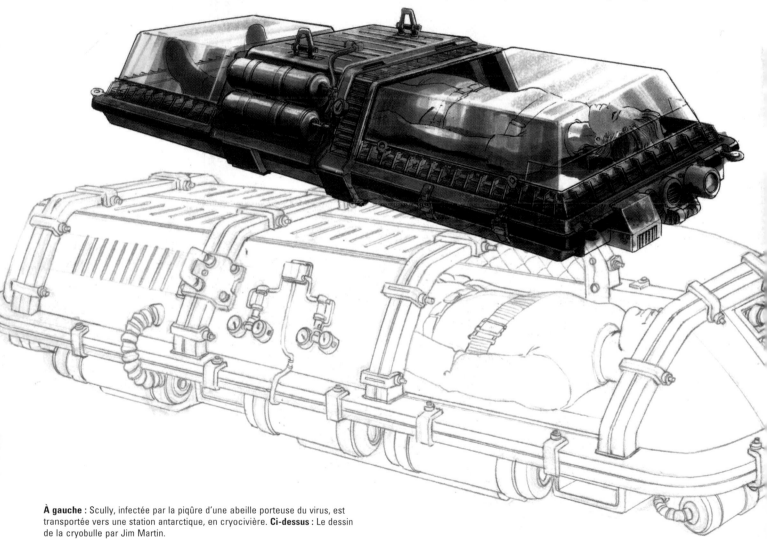

À gauche : Scully, infectée par la piqûre d'une abeille porteuse du virus, est transportée vers une station antarctique, en cryocivière. **Ci-dessus** : Le dessin de la cryobulle par Jim Martin.

sur la maquette du glacier, construite par Scott Schneider et son atelier de modélisme de Blue Sky/VIFX, des scènes avec les acteurs contre un écran vert. « Avant que le vaisseau ne décolle vraiment, il chauffe la glace par-dessous, provoquant la chute de ces énormes pans de glace, expliqua Beck. C'est plus une implosion qu'une explosion, un genre de "cercle de la mort" en expansion, qui menace d'engloutir Mulder et Scully dans leur fuite. »

Pour restituer cet effet, une maquette du glacier de vingt mètres sur six fut équipée de sections qu'on pouvait retirer par tranches, créant des surfaces d'effondrement couvertes de fausse glace, de levure, de sel et d'acide stéarique – un mélange de matériaux qui simulait la texture d'une couche superficielle de neige. « On avait installé la maquette sur trois tables, et on retirait ces sections comme des rayons sur une roue de bicyclette. Dès que les sections étaient enlevées, la fausse neige et la glace tombaient. Nous n'arrêtions pas de crier : "Plus vite, plus vite !" Et cet énorme système a fonctionné. Bob Spurlock, un modéliste et un technicien formidable, est venu nous aider sur la conception de la maquette. » Incapables d'échapper à l'expansion du cercle de glace qui s'effondre, Mulder et Scully basculent dans le gouffre, réapparaissant sur le vaisseau spatial quand il émerge du glacier. Pour montrer les personnages en train de rouler sur une section du vaisseau, on avait filmé les acteurs sur une plate-forme en ascension, couverte d'un écran vert, et l'on inséra ces éléments sur les vues de la maquette du vaisseau spatial.

Deux vaisseaux spatiaux différents avaient été construits et filmés séparément par Blue Sky/VIFX : un de deux mètres, une maquette au 1/200e du vaisseau entier – employée pour des vues complètes du vaisseau, et le décollage – et une section de quatre mètres, au 1/8e, pour des plans plus rapprochés du vaisseau en train de monter sous Mulder et Scully. « Tim Flattery a fait de merveilleux dessins de concept du vaisseau spatial, signala Beck, que Blue Sky/VIFX a ensuite traduits en une modélisation sur ordinateur, de façon à pouvoir montrer différents points de vue et également à fournir des plans au très talentueux Scott Schneider, et à l'atelier de modélisme. Alison Yerxa a été épatante pour créer le détail de surface que nous avons transféré en son heure sur la maquette, par un procédé de gravure en demi-teintes. Je pense que c'était une première. Cette gravure sur le vaisseau est une métaphore visuelle du film, elle suggère des détails qu'on aperçoit presque, mais pas tout à fait, et qui passent constamment de l'ombre à la lumière. »

« Blue Sky/VIFX a également construit une station polaire miniature, filmée séparément et insérée sur les prises avec la maquette du glacier, pour donner l'impression qu'elle tombait dans le gouffre », dit Beck.

Les plans généraux du paysage glacé ont été composés à la fois à partir d'images du plateau et de vues de maquettes. « Nous sommes allés sur le glacier et nous avons pris des photos sous tous les angles. Ensuite, en postprod, John Walsh et son équipe à Blue Sky/VIFX ont modélisé un décor à partir de ces clichés et l'ont introduit par composite sur les scènes de plateau avec écran vert ou sur les plans de maquette. »

Si l'explosion du bâtiment, les intérieurs et les extérieurs du vaisseau spatial demeurent les plus importantes séquences d'effets spéciaux, le film regorge d'effets moins spectaculaires. Blue Sky/VIFX, par exemple, a créé des abeilles par ordinateur pour grossir les essaims filmés sur le plateau de l'intérieur du dôme. D'autres effets visuels ont fourni des décors nécessaires, ou suggéré le passage du temps, comme pour la transition entre la caverne d'il y a trente mille ans et celle de la période contemporaine. « La caméra panote vers le plafond noir de la caverne, après que nous avons assisté à l'attaque du primitif par les vers noirs, expliqua Beck. Puis nous voyons Stevie passer à travers le même plafond, au niveau de la zone sombre. Nous avons pris un détail du plafond de la grotte dans la partie B – celle où Stevie passe à travers – et nous l'avons ajouté au plafond de la caverne des primitifs pour créer une transition qui semblait totalement fluide, bien qu'elle soit composée de deux éléments distincts du film. »

Également visible dans la séquence avec Stevie, un long mouvement de grue qui s'élève au-dessus de la caverne et du paysage environnant pour montrer les amis de Stevie partis chercher de l'aide, et la silhouette de Dallas à l'horizon. Le passage du temps est suggéré par la disparition des enfants en fondu, tandis que la caméra revient au niveau de l'ouverture de la grotte – maintenant entourée de camions de pompiers et de personnel des urgences. « Ce fut un plan relativement difficile pour nous, se souvint Beck. Nous devions unir la partie A du mouvement de grue, tournée le matin, et la partie B, tournée plus tard cet après-midi-là. Ça nous a demandé un gros travail de *tracking*, assez délicat parce qu'il y avait tellement de vent ce jour-là à California City que la grue tanguait sans arrêt. Le mouvement n'était pas fluide du tout. » Des vues générales de Dallas furent simplement intégrées au décor, par-dessus les toits de California City, pour fournir l'horizon requis.

On créa aussi par composite un décor dans les prises de l'escarpement de Santa Clarita, pour révéler les ruches en dôme et le champ de maïs filmé à Bakersfield. « Cette vue du sommet a été construite à partir de plusieurs parties, dit Beck. Entre autres, l'avant-plan en vues réelles, le décor du champ de maïs et une maquette de train traversant le site, qu'on y a ajoutée. J'avais tourné des vues très sombres du champ de maïs, qui était trop éclairé pour cette scène, et nous les avons bidouillées pour rendre le décor aussi sombre et imprécis que possible. Nous avons fait beaucoup de peinture par ordinateur, en repiquant les zones les plus sombres de la prise de vues sur les zones claires. Nous avons également ajouté un peu de fumée avec l'ordinateur, simplement pour unifier tous les éléments. »

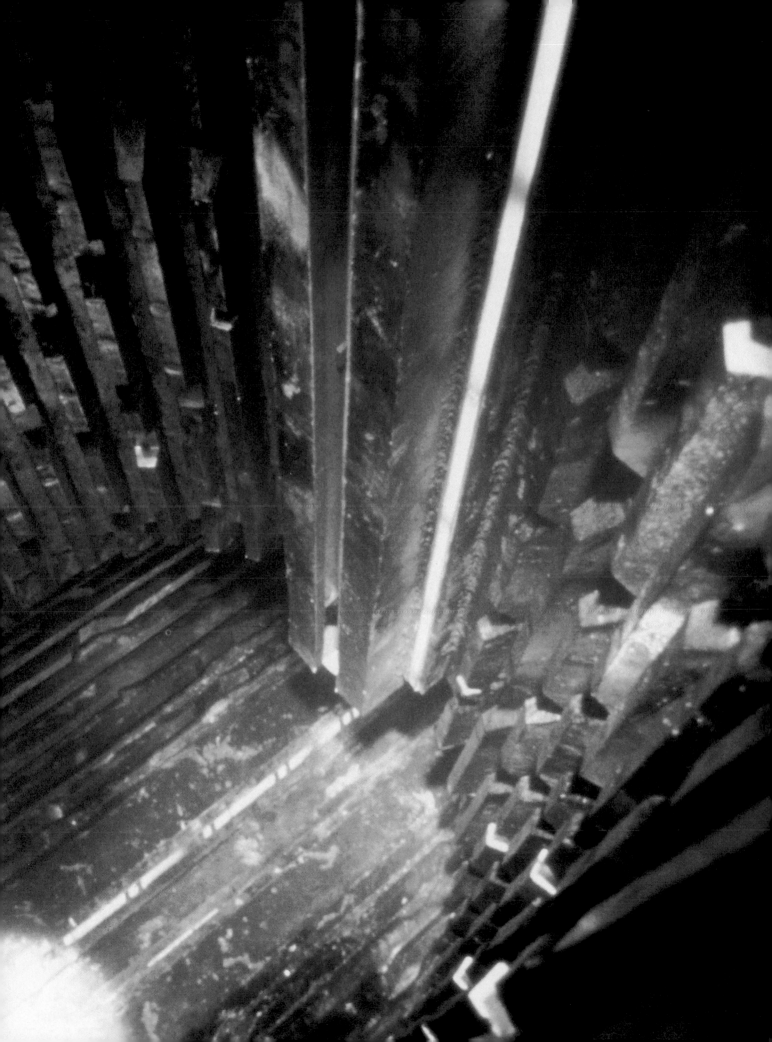

Alors que Beck et l'équipe des effets visuels planchaient encore sur leur cahier des charges de plus de deux cents scènes d'effets, Bowman livra un premier montage du film juste avant Noël 1997, date à laquelle les cadres du studio et Chris Carter le visionnèrent. « J'avais déjà vu des bout-à-bout de courtes séquences, mais je voulais voir le montage de l'ensemble sur grand écran, déclara Carter. J'ai été stupéfié par la quantité de travail superbe qu'avait abattue Rob. Ward Russell avait également fourni un ouvrage magnifique, en créant toutes ces images de haute qualité pour le grand écran. Je voyais que nous tenions un très bon film, ça m'a énormément encouragé de voir cela. Les cadres du studio ont fait écho à mon opinion, quand ils sont venus assister à la projection. Ils ont applaudi à la fin du film. Ils se sont retournés vers nous et nous ont félicités. Il y avait beaucoup de visages ravis dans la salle. »

Même devant l'enthousiasme du studio et malgré sa confiance dans le film, Carter reconnut cependant qu'il restait encore beaucoup à faire durant les quatre mois à venir. « Je vis des endroits où nous pouvions resserrer le montage, nota-t-il, d'autres où il fallait développer certains aspects, des moments qui exigeraient de nouvelles prises. Dans la plupart des cas, c'était une affaire de montage et de coupes, une question de reprendre sans cesse la pellicule pour vérifier que nous n'avions rien oublié. Nous voulions être sûrs que chaque instant passait au mieux, que chaque scène passait au mieux, que nous montrions notre meilleur travail à l'écran. »

Entre-temps, la fièvre montait, au fur et à mesure qu'approchait juin, la date de sortie du film *X-Files*. Tout débuta par la rumeur dans la presse spécialisée et la presse générale, et monta d'un cran avec les affiches grand format qui commencèrent à fleurir dans les halls des cinémas. La première affiche, où apparaissait le mot « Fight » (combattre), parut en novembre ; la deuxième, marquée du mot « Future » (futur), début février ; et la troisième, avec le slogan complet « Fight the Future », *combattre le futur*, début mars. On réalisa trois bandes-annonces. La première devait passer à Thanksgiving, avant *Alien, la résurrection* ; la deuxième avec *Lost in Space* et *Code Mercury*, au printemps, et la troisième avec *Godzilla*, un mois avant la première du film *X-Files*.

On ménagea pour la dernière semaine de février, la première semaine de mars et la fin avril 1998 un total de dix-huit jours afin de tourner à nouveau certaines scènes, et de filmer des prises de vues additionnelles et des inserts. Bien que Carter ait toujours été récalcitrant à l'idée de faire des épisodes dont Mulder et Scully n'étaient pas les protagonistes, ce fut la seule solution pour trouver le temps de faire ces nouvelles prises pour le film. « Nous avons incorporé un épisode où Gillian n'apparaissait pas du tout, et où je n'apparaissais que le temps de quelques scènes, expliqua David Duchovny. Nous espérions que le public de la série ne se sentirait pas frustré. C'était la seule façon d'y arriver. »

Parmi les scènes inscrites sur le calendrier de second tournage, figurait celle entre Mulder et les Lone Gunmen à l'hôpital, après que le premier a été blessé à la tête. La scène avait initialement été tournée dans un véritable hôpital, mais les nouvelles prises furent filmées dans un studio de la Twentieth Century Fox. « Dès le départ, nous n'étions pas totalement satisfaits de cette scène, se souvint Chris Carter. Mais nous tenions également à la refaire, parce que nous avions hésité à ajouter une poursuite en voiture dans cette partie du film. Elle figurait dans le scénario original, mais n'avait fait l'objet d'aucun budget et d'aucun créneau dans le calendrier de tournage. J'étais en position de mendiant, en allant voir le studio pour demander l'ajout de cette scène. Ils aimaient le film comme il était ; finalement, on ne m'a pas accordé la poursuite en voiture. Arracher David à son travail sur la série aurait coûté très cher et aurait exigé beaucoup plus de jours que nous ne pouvions nous le permettre. »

10 AVRIL 1998 : INTERVIEW AVEC MARK SNOW

*Mark Snow, le compositeur qui a signé la musique des cinq saisons d'*Aux frontières du réel, *avait commencé la partition musicale depuis trois semaines quand il s'est prêté à cette interview. À peine vingt-quatre jours plus tard, il dirigerait un orchestre de quatre-vingt-cinq musiciens dans les studios de la Fox, pour enregistrer la bande musicale du film.*

J.D. : En général, les gens ne savent pas ce qu'exige la composition de la bande musicale d'un film. Pourriez-vous nous décrire le processus ?

M.S. : Je commence par composer sur mon équipement électronique, le synclazier, un système musical digital de sampling. Ensuite, Chris Carter, les autres producteurs et le réalisateur viennent écouter et font des commentaires. Une fois les modifications apportées, je fais appel à un orchestrateur qui écoute plusieurs fois la musique et en rédige une retranscription pour instruments. Cette partition va chez le copiste, qui copie la partie de chaque musicien. Ensuite, nous disposerons de quatre jours d'enregistrement avec le grand orchestre, à partir du 4 mai. La semaine suivante,

on livrera toute cette musique dans un studio de mixage, où nous l'intégrerons et où nous lui donnerons une sonorité parfaite. Ensuite, nous la transcrirons en format surround six pistes pour le film, et voilà.

J.D. : Le film aura-t-il le même thème musical que la série télévisée, ou vous a-t-on demandé d'écrire quelque chose de radicalement nouveau ?

M.S. : Le film s'ouvrira sur une version du thème, mais ce ne sera pas la même que dans la série.

J.D. : Pour un compositeur, quels problèmes particuliers pose l'écriture pour le film, par rapport à une série télévisée ?

M.S. : Le simple fait de disposer d'un orchestre représente une différence énorme. Le son a plus d'ampleur, et les haut-parleurs d'une salle de cinéma ont une capacité bien supérieure à celle d'un haut-parleur de téléviseur. Donc, on n'a plus à s'inquiéter des sons trop aigus ou trop graves : le spectre des haut-parleurs de la salle les contient. À la télévision, il faut bannir les tons trop graves ou trop aigus – tout écrire pour une gamme médiane. Mais pour le film, je suis dégagé des restrictions du minuscule haut-parleur des téléviseurs.

J.D. : Que vouliez-vous faire avec cette partition, d'un point de vue musical ?

M.S. : Quand la série *X-Files* a commencé, la musique était surtout une musique d'atmosphère. C'étaient des sons d'ambiance, avec très peu de mélodie et de progressions harmoniques. Au cours des deux dernières années, elle est devenue plus musicale, plus mélodique, plus thématique. Le film combinera sons d'ambiance et grande musique, puissante. Dans certaines scènes, par exemple, ne figureront que des sons électroniques, sans orchestre, simplement pour installer un climat. Mais la majorité des grandes scènes d'action bénéficiera de l'orchestre au complet, qui jouera une musique de film plus traditionnelle.

J.D. : Y a-t-il une phase qui vous passionne particulièrement ?

M.S. : Pour moi, ça va être formidable d'enregistrer cette partition au studio d'enregistrement de la Fox, qu'on a récemment rénové. C'est devenu le meilleur studio de la ville. D'habitude, tout le monde écoute cette musique sur l'équipement électronique de mon studio. La leur faire entendre développée pour l'orchestre sur ce plateau d'enregistrement va être un plaisir incroyable. Ça va être également formidable de diriger un aussi grand orchestre et tout ce qui me permet de sortir de mon petit bureau est toujours un plaisir.

Le nouveau tournage de la scène d'hôpital avec Mulder et les Lone Gunmen permettait aussi d'éclaircir l'histoire. « C'était une question de crédibilité, déclara Duchovny. Je suis blessé à la tête – et me revoilà sur pied, en train de galoper derrière les méchants ? Dans la nouvelle version, nous disons que la blessure à la tête n'était pas très grave. La scène est donc un peu différente, mais pas de façon radicale. C'est vrai, j'y ai perdu une de mes répliques préférées, qui survenait lorsqu'on me parlait de la blessure à la tête et que je disais : "Il y a eu perforation, mais pas pénétration." Maintenant, cette réplique est un bijou perdu… »

Figurait également au calendrier de secondes prises une nouvelle scène à l'intérieur de la station polaire antarctique. On avait filmé les extérieurs de la station sur la calotte glaciaire de Pemberton pendant la première semaine de production. Mais au cours des mois qui s'étaient écoulés, Carter et son équipe s'étaient aperçus que le film avait besoin d'une scène intérieure pour préciser les liens entre la station et le vaisseau souterrain. Le département artistique conçut donc un tout nouveau décor, que l'atelier de construction édifia sur un plateau.

Un montage final du film – complété par un total de deux cent vingt prises avec effets et par la bande musicale – fut livré un an après que Chris Carter et son équipe eurent lancé les préparatifs de production. Aller de la préparation à un film impeccablement terminé en une seule année était un exploit étonnant qui avait exigé un travail d'équipe, le dévouement et l'engagement de chaque membre de la distribution et des équipes techniques.

Ce fut aussi une expérience instructive, en particulier pour des vétérans de la télévision qui endossaient pour la première fois le manteau

de producteur de cinéma avec le film *X-Files*. « J'ai appris par-dessus tout qu'un film de cette envergure exige dès le départ une préparation formidablement détaillée, constata Dan Sackheim. C'est trompeur, parce qu'on accomplit tant de choses avec si peu de moyens, à la télévision. Alors, on se dit : "Bah, si je mets sept jours à préparer un épisode télé de quarante-cinq minutes, dix semaines devraient suffire pour préparer un film de deux heures." Mais ce n'est pas le cas, parce que ce n'est plus du tout la même chose. C'est beaucoup plus grand, beaucoup plus complexe, avec des détails tellement plus exigeants. On ne peut pas s'en tirer sur le grand écran avec ce qui fait l'affaire sur le petit. Voilà la leçon qu'on a retenue de ce film. Mais je rends également hommage à notre expérience de la télé. L'habitude de prendre des décisions à la volée et de tirer le plus grand parti du minimum nous a énormément servis pour tourner ce film. Ça nous a permis de trouver des solutions imaginatives qui ne nous seraient peut-être pas venues à l'idée si nous étions des vétérans du cinéma. »

De retour sur le plateau, Duchovny plaisantait avec les techniciens entre les prises du nouveau tournage et revoyait sur le moniteur vidéo la scène qu'il venait de jouer. Il n'avait encore vu du film que ces aperçus instantanés, ayant choisi de n'assister à aucune projection. « Je n'aime pas tellement ça, expliqua-t-il. Et vraiment, je n'en ai pas besoin. Je sais que le film est bon, parce que je connais les producteurs et le réalisateur et que je sais qu'ils sont bons. J'ai confiance en eux. »

Le commentaire laissait entendre qu'on devrait peut-être réviser un des slogans les plus solides de la série : *Ne faites confiance à personne – sauf à Chris Carter, Rob Bowman, Dan Sackheim et Frank Spotnitz.*